Österreichische Bäuerinnen backen Kuchen

Wir danken herzlich Maria Gschwentner und ihren Kolleginnen sowie den Schülerinnen von der Fachschule für ländliche Hauswirtschaft in Rotholz, die einige Rezepte für die Fotoaufnahmen nachgebacken und liebevoll angerichtet haben.

E-Mail: loewenzahn@studienverlag.at
Internet: www.loewenzahn.at
Buchgestaltung nach Entwürfen von Kurt Höretzeder
Satz: loewenzahn/Stefanie Temml
Umschlag: loewenzahn/Stefan Rasberger

Fotos:
www.fotowerk-aichner.at: S. 56, 86, 119, 142, 146, 156, 159, 163, 165
Alle weiteren Fotos wurden uns von den jeweiligen Bäuerinnen zur Verfügung gestellt.

Coverfoto: www.fotowerk-aichner.at
Vignetten: www.fotowerk-aichner.at, außer S. 26, 91: www.photocase.com; S. 212: www. istockphoto.com/IgorDutina; S. 139: www. istockphoto.com/Marholev; S. 160: www. istockphoto.com/DCopy

Gedruckt auf umweltfreundlichem, chlor- und säurefrei gebleichtem Papier.

Bibliografische Information Der Deutschen Bibliothek
Die Deutsche Bibliothek verzeichnet diese Publikation in der Deutschen Nationalbibliografie; detaillierte bibliografische Daten sind im Internet über <http://dnb.ddb.de> abrufbar.

ISBN 978-3-7066-2461-9

Österreichische Bäuerinnen backen Kuchen

Die besten Rezepte aus allen neun Bundesländern

lœwenzahn

Vorarlberg

Tirol

Salzburg

Oberösterreich

Niederösterreich

Wien

Burgenland

Steiermark

Kärnten

Vorwort

Ob als Krönung der sonntäglichen Kaffeetafel, als persönliches Geschenk oder einfach als kleine Näscherei zwischendurch – fruchtige Schnitten, flaumige Kuchen, cremig gefüllte Rouladen, wunderbar schokoladige Torten und noch viele weitere verlockende Köstlichkeiten laden zum Genießen ein. Und selbst gebacken schmeckt es eben am allerbesten!
Wie diese Backwerke auch sicher gelingen, verraten Ihnen unsere Bäuerinnen, die in diesem Buch ihre liebsten und vielfach erprobten Rezepte präsentieren. Die Auswahl versammelt Althergebrachtes und Modernes, Bekanntes und Ausgefallenes: von Sacherschnitten und Zwetschkenfleck über neue Rezeptideen wie Kernöltorte mit Fruchtspiegel, Karotten-Nuss-Kuchen im Glas bis zu pikanten Kuchen wie Kohltorte mit Faschiertem und Lachs-Rucola-Rolle.

Die unkomplizierten Anleitungen sind auch für Backneulinge verständlich und beinhalten viele Geheimtipps und Ratschläge zu Teigzubereitung, Cremen, Glasuren, Haltbarkeit und vieles mehr.

In der Einleitung sind Grundrezepte für Teige und Glasuren sowie eine praktische Richtwerttabelle für Backtemperatur und -zeit angeführt.
Als besonderes Extra haben wir für Sie ans Ende des Rezeptteils noch unsere Top Ten gestellt. Auf einen Blick finden Sie dort:

- die 10 pikanten Rezepte in diesem Buch
- 10 Rezepte für Kleingebäck wie Muffins, Kugeln, Kringel
- 10 Kuchen, die man gut im Voraus backen kann, da sie ihren vollen Geschmack erst nach 1 bis 2 Tagen entfalten
- 10 Kuchen, die man schnell aus dem Vorrat backen kann, wenn sich überraschend Besuch anmeldet

Wir wünschen Ihnen viel Freude beim Backen und Genießen!

Einleitung

Die Kuchenform

In der Regel gilt: Damit der Teig nicht an Boden und Rand haften bleibt, wird die Backform eingefettet, meist mit Butter, und bemehlt. Bei Verwendung von Backpapier oder Silikonformen muss nicht eingefettet werden.

Der Teig

Zubereitung Biskuitteig

Für Biskuitteig gibt es drei Zubereitungsarten:

a) Eier trennen. Die Dotter mit dem Zucker schaumig rühren, Eiklar zu steifem Schnee schlagen und abwechselnd mit dem gesiebten Mehl unterheben.
b) Mehl mit 1 EL Stärkemehl vermischen. Eiklar etwas steifschlagen, Zucker dazugeben und steif ausschlagen. Die Dotter unterheben, das Mehl vorsichtig unter den Schnee ziehen.
c) Die ganzen Eier mit Zucker und 2 EL Wasser sehr schaumig rühren. Mehl vorsichtig unter die geschlagene Masse heben.

Zubereitung Mürbteig

Auf einer Arbeitsfläche Mehl, gegebenenfalls mit Backpulver, versieben. Kalte Butter in kleinen Stückchen auf dem Mehl verteilen und mit der Hand rasch abbröseln. In der Mitte eine Mulde machen und den Dotter hineingeben. Zucker und Vanillezucker am Rand verteilen. Alles zügig zu einem glatten Teig verkneten und zugedeckt 1/2 Stunde kühl rasten lassen.

Zubereitung Rührteig

Butter und Zucker schaumig rühren. Ei dazurühren und zum Schluss Mehl, vermischt mit Backpulver, und weitere Geschmackszutaten nach Rezept dazugeben. Rasch in die gewünschte Form geben und backen.

Folgende Tipps hat Maria Wurzer aus Niederösterreich zur Verfügung gestellt:

„Für schnelle Rührteigmassen praktiziere ich eine eigene Rührtechnik. Zuerst das Eiklar steifschlagen, mit Kristallzucker ausschlagen und nach und nach die Dotter beigeben. In die schaumig gerührte Masse dann zügig die zerlassene Butter einrühren und schließlich das gesiebte Mehl einmelieren.

- Achten Sie darauf, dass die Kuchenzutaten Zimmertemperatur haben, denn so verbinden sie sich besser miteinander.
- Statt Milch können Sie für den Kuchen auch Buttermilch, Joghurt oder Sauerrahm verwenden. Saft verleiht dem Rezept ein fruchtiges Aroma.
- Das Grundrezept können Sie prima abwandeln, indem Sie z.B. geriebene Orangen- oder Zitronenschale zugeben. Wenn keine Kinder mitessen, dann verfeinern Sie den Teig einfach mit einem Schuss Rum.
- Den Rührkuchen nach dem Backen ca. 10 Minuten in der Form auskühlen lassen. Anschließend auf ein Kuchengitter stürzen, sodass er von allen Seiten gleichmäßig auskühlen kann."

Zubereitung Germteig

Für das Dampfl Germ mit 1 TL Zucker glattrühren. 4 EL Mehl und so viel lauwarme Milch dazugeben, bis ein dickflüssiger Teig entsteht, mit einem Tuch zugedeckt an einem handwarmen Ort gehen lassen (ca. 3-faches Volumen).
Anschließend Mehl in eine Schüssel sieben und warm stellen. In der Mitte eine Grube machen, das aufgegangene Dampfl hineingeben, mit Mehl zudecken und langsam die zerlassene Butter, die man mit lauwarmer Milch, Zucker, Salz und Eiern vermengt hat, einrühren. Mit dem Kochlöffel abschlagen, bis sich der Teig von Gefäß und Kochlöffel löst, seidig glatt ist und Blasen wirft. Mit Mehl bestreuen, mit einem Tuch zudecken und an einem warmen Ort mindestens 1/2 Stunde gehen lassen.
Dem Rezept entsprechend weiterverarbeiten und nochmals kurz gehen lassen, bevor man den Kuchen ins Rohr schiebt.

Die Zubereitung ist auch ohne Dampfl möglich: frischen (!) Germ einbröseln bzw. Trockengerm verwenden.

Die Glasur

Eine Glasur schützt den Kuchen vor dem Austrocknen, so bleibt er länger frisch und saftig.

Schokoladeglasur
Drei Zubereitungsarten für Schokoladeglasur seien hier angeführt:

a) 150 g Kochschokolade mit 150 g Margarine über Wasserdampf zergehen lassen und glattrühren.
b) Die Margarine kochen, bis sie klar wird, von der Herdplatte ziehen, die zerkleinerte Kochschokolade einrühren, bis eine glatte Glasur entsteht. Überkühlen lassen, dann erst den Kuchen glasieren.
c) 1/4 l Schlagobers mit 200 g Milchschokolade kochen, bis alles etwas dicklich wird. Die Glasur wird nicht ganz fest, schmeckt aber ausgezeichnet.

Zuckerglasur
200 g Staubzucker mit 2–3 EL Wasser glattrühren. Die Glasur kann man auch mit 1 TL Kakaopulver dunkel färben; dekorativ sieht es aus, wenn man in die weiße Zuckerglasur Muster mit dunkler Glasur zieht.

Kaffeeglasur
250 g Staubzucker mit 3–4 EL starkem schwarzen Kaffee glattrühren.

Zitronenglasur
200–250 g Staubzucker mit 2 EL Zitronensaft und 2 EL Wasser glattrühren.

Punschglasur
200 g Staubzucker mit 2 EL Rotwein und 2 EL Rum glattrühren.

Der Backofen

In der folgenden Tabelle finden Sie Orientierungswerte für Backtemperatur und -dauer. Die tatsächlichen Zeiten können aber von Gerät zu Gerät variieren, beachten Sie daher auch die Gebrauchsanleitung Ihres Backofenherstellers und vor allem: Beobachten Sie gegen Ende der angegebenen Backzeit Ihren Kuchen.
Machen Sie eine Nadelprobe. Dabei sticht man mit Stricknadel oder Holzspieß tief in den Kuchen, wenn beim Herausziehen Teigreste daran hängen bleiben, ist der Kuchen noch nicht durch.

Richtwerte für Backtemperatur und -zeit

Gebäckart	Ober-/ Unterhitze in °C	Heißluft in °C	Gasherd: Stufe	Backdauer in Minuten
Rührteig				
Torten	170–180	150–160	2–3	40–60
Kastenkuchen	170–190	150–160	2–3	50–70
Tortenböden	180–200	170–180	3–4	20–30
Kleingebäck	170–180	150–160	2–3	15–30
Sandkuchen	160–180	150–160	2–3	60–70
Blechkuchen				
Belag trocken	180–190	150–160	2–3	25–35
Belag feucht	170–180	160–170	2–3	35–50
Mürbteig				
Tortenböden	180–200	170–180	3–4	25–35
Blechkuchen				
Belag trocken	180–190	150–160	2–3	25–35
Belag feucht	170–180	160–170	2–3	30–50
Germteig				
Germkranz	175–180	150–160	2–3	40–50
Stollen/Striezel	175–180	150–160	2–3	50–70
Kleingebäck	180–200	170–180	2–3	20–30
Blechkuchen				
Belag trocken	175–180	150–160	2–3	30–40
Belag feucht	170–180	160–170	2–3	30–50
Biskuitteig				
Torten	175–180	150–160	2–3	30–40
Rouladen	180–200	170–180	3–4	12–20

Maria Eberle stellt sich vor

Ich bin 1960 in Au im Bregenzerwald geboren. Als Älteste von sechs Kindern habe ich schon früh angefangen, Mama beim Kochen und Backen zu helfen. Nach der Volks- und Hauptschule habe ich die Landwirtschaftliche Haushaltungsschule in Schruns besucht.
Anschließend arbeitete ich im Gastgewerbe und im Verkauf. Seit 1984 bin ich mit meinem Mann Jakob verheiratet und Bäuerin aus Überzeugung. Wir haben zwei Söhne, gemeinsam mit unserem älteren Sohn bewirtschaften wir einen Milchviehbetrieb mit der traditionellen 3-Stufen-Wirtschaft in der Gemeinde Bizau. Zahlreiche Feriengäste finden in unserer Ferienhütte Ruhe und Erholung.
Ehrenamtlich bin ich in unserer Bäuerinnenorganisation tätig, in der ich fünfzehn Jahre, davon die letzten 10 Jahre als Ortsbäuerin, mitwirken durfte. Dort werden tolle Kurse in allen Fachbereichen angeboten, die ich immer wieder gerne besuche.
Ich koche und backe gerne. Unter meinen Rezepten sind zum Teil überlieferte von Mama, die bei jeder Kuchentafel gern gesehen und gegessen werden, zum Teil neue Kreationen, die im Alltag dazugekommen sind. Natürlich auch solche, die schnell aus dem Vorrat gebacken werden können, dazu Beeren, Äpfel, Birnen und Zwetschken aus

dem Garten, wenn unerwartet Gäste kommen. Wieder andere lassen sich gut im Voraus backen, da sie erst nach ein paar Tagen so richtig gut schmecken.

Überraschen Sie Ihre Familie einmal mit einem neu ausprobierten Kuchen, ich wünsche Ihnen viel Spaß dabei!

Feiner Gewürzkuchen

200 g Butter
200 g Staubzucker
1 Pkg. Vanillezucker
6 Eidotter
2 Msp. Zimt
1 Msp. Nelkenpulver
200 g geriebene Nüsse
200 g weiche Schokolade
100 g Dinkelmehl
2 TL Backpulver
6 Eiklar

Aus weicher Butter, der halben Menge Staubzucker, Vanillezucker und Eidotter eine cremige Masse rühren. Eiklar zu festem Schnee schlagen und den übrigen Zucker noch etwas mitschlagen. Mehl, Backpulver, Zimt- und Nelkenpulver vermischen und zusammen mit dem Eischnee vorsichtig unter die Dottermasse heben.

Teig in eine befettete und bebröselte Tortenform geben und im vorgeheizten Rohr bei 180 °C Ober- und Unterhitze ca. 35 Minuten backen. Zum Auskühlen abdecken, so bleibt er schön saftig.

Mit Staubzucker bestreuen.

Tipp: *Schmeckt auch noch nach ein paar Tagen vorzüglich!*

Rhabarberkuchen mit Kokosbaiser

125 g Butter
125 g Zucker
1 Pkg. Vanillezucker
3 Eidotter
3 EL Sahne
200 g Dinkelmehl
1 TL Backpulver

750 g Rhabarber

3 Eiklar
150 g Zucker
3 EL Kokosraspel

Weiche Butter, Zucker, Vanillezucker und Eidotter zu einem cremigen Abtrieb rühren, Sahne dazugeben, Mehl mit Backpulver untermischen, in eine Tortenform streichen, mit klein geschnittenem Rhabarber belegen und ca. 35 Minuten bei 175 °C vorbacken.

Inzwischen die Eiklar zu steifem Schnee schlagen, Zucker löffelweise zugeben und noch weiterrühren, Kokos unterheben, auf den Kuchen geben, weitere 15–20 Minuten fertig backen.

Gitterkuchen

300 g Butter
250 g Backzucker
1 Ei
4 hartgekochte Eier
300 g Nüsse oder Mandeln, gerieben
300 g Dinkelmehl, Type 630
1 EL Zimt
1 Msp. Nelken
Zitronenschale
Johannisbeermarmelade zum Bestreichen

Aus Butter, Zucker, Ei und den passierten Eiern einen cremigen Abtrieb rühren. Die übrigen Zutaten untermischen. 3/4 des Teiges in eine Tortenform (30 cm Durchmesser) geben. Mit Marmelade bestreichen und mit dem restlichen Teig ein Gitter darüberspritzen.

Bei 180 °C Ober- und Unterhitze ca. 30 Minuten backen.

Tipp: *Nach dem Backen die Torte gleich abdecken, damit die Feuchtigkeit nicht entweicht, so bleibt der Gitterkuchen schön saftig. Wer es ganz süß mag, kann noch Staubzucker darüberstreuen.*

Feine Beerentorte

Boden:
4 Eier, getrennt
1 Prise Salz
120 g Zucker
1 Pkg. Vanillezucker
120 g Dinkel- oder Weizenmehl

Fülle:
1 Becher Naturjoghurt
1 Becher Topfen
1 Becher Sauerrahm
1 Becher Sahne
1 kleiner Becher Mascarpone
150 g Staubzucker
1 Pkg. Vanillezucker
8 Blatt Gelatine

Guss:
250 g gemischte Beeren (Heidelbeeren, Johannisbeeren, Himbeeren)
2–3 EL Zucker
4 Blatt Gelatine

Eiklar mit einer kleinen Prise Salz zu steifem Schnee schlagen, löffelweise Zucker und Vanillezucker dazugeben und weiterrühren, bis eine kompakte Schneemasse entstanden ist. Zum Schluss die Eidotter noch kurz mitrühren und das gesiebte Mehl unterheben. Den Teig in eine befettete und bemehlte Tortenform gießen.

Im vorgeheizten Rohr bei 175 °C Ober- und Unterhitze backen. Biskuit nach dem Backen sofort abdecken, damit er nicht austrocknet.

Für die Fülle Joghurt, Topfen, Sauerrahm, Mascarpone und Zucker verrühren und die aufgelöste Gelatine unter die Masse rühren. Die geschlagene Sahne unterheben und auf dem Biskuitboden verteilen. Kühl stellen, bis die Masse fest ist.

Für den Guss die Beeren mit dem Zucker kurz aufkochen, die aufgelöste Gelatine unterheben und auf die Fülle geben. Nochmals kühl stellen.

Zimttorte

Biskuitboden:
4 Eier
130 g Zucker
1 Pkg. Vanillezucker
80 g Dinkelmehl
1 TL Backpulver
2 TL Zimt
200 g geriebene Nüsse

Kirschfüllung:
1 Glas Sauerkirsch-kompott
1/4 l Kirschsaft
1 Pkg. Vanille-puddingpulver
1 EL Zucker
1 Prise Zimt

Sahnefüllung:
500 g Schlagsahne
1 Pkg. Vanillezucker

Staubzucker zum Bestreuen

Eier, Zucker und Vanillezucker weißcremig aufschlagen. Mehl, Backpulver und Zimt mischen und über die Eiermasse sieben, Nüsse zugeben und alles vorsichtig unterheben.

In eine Tortenform (26 cm Durchmesser) füllen und bei 200 °C Ober- und Unterhitze ca. 25 Minuten backen.

Für die Kirschfüllung Sauerkirschen abtropfen lassen, aus dem Saft und den übrigen Zutaten einen Pudding zubereiten, Sauerkirschen unterheben und auskühlen lassen. Sahne steifschlagen und mit Vanillezucker süßen.

Ausgekühlten Zimtboden einmal durchschneiden, den unteren Boden wieder in die Tortenform legen, zuerst die Kirschfüllung, dann die Sahnefüllung und die zweite Tortenhälfte daraufgeben und etwas andrücken.

Zimttorte aus der Form lösen und mit Hilfe einer Schablone ein Muster aus Staubzucker daraufstäuben.

Tipp: *Nüsse, Sauerkirschen, Vanillesahne und ein Hauch Zimt geben der Torte den abgerundeten Geschmack in der kalten Jahreszeit.*

Cappuccinotorte

Biskuitboden:
8 Eier, getrennt
1 Prise Salz
240 g Zucker
1 Pkg. Vanillezucker
240 g Dinkel- oder Weizenmehl

Cappuccino-Nuss-Fülle:
1 l Sahne
3 EL Cappuccino-Instantpulver
50 g geriebene Nüsse

evtl. Rum mit Kirsch 22 % oder etwas Amaretto zum Tränken der Biskuitböden
geröstete Mandelblättchen, Schokoflocken und Mokkabohnen zur Dekoration

Aus den Teigzutaten einen hellen Biskuit herstellen, bei 175 °C Ober- und Unterhitze ca. 30 Minuten backen, auskühlen lassen und zweimal durchschneiden.

Für die Fülle Cappuccino-Instantpulver mit 1 EL heißem Wasser verrühren und auskühlen lassen. Sahne steifschlagen und angerührtes Cappuccinopulver zufügen. Ein Drittel der Cappuccinosahne abnehmen, unter den Rest die Nüsse unterheben. Einen Biskuitboden mit der Hälfte der Nusssahne bestreichen, zweiten Boden daraufsetzen. Restliche Nusssahne darauf verteilen und mit dem 3. Boden bedecken.

Torte mit der zurückbehaltenen Cappuccinosahne einstreichen. Mandelblättchen in einer Pfanne rösten und abgekühlt den unteren Tortenrand damit bestreuen. Tortendecke mit Schokoflocken, etwas Cappuccinosahne und den Mokkabohnen verzieren.

Tipp: *Alle drei Böden mit mildem Rum oder Amaretto etwas tränken, das verleiht der Torte ein feines, edles Aroma.*

Bananen-Sahne-Torte

Boden:
3 Eier
100 g Zucker
100 g Dinkel- oder Weizenmehl
1 EL Kakao
1/2 TL Backpulver

Fülle:
1/2 l Milch
100 g Zucker
1 Pkg. Vanille-puddingpulver
5 Blatt Gelatine
500 ml Sahne

6–8 Bananen

Glasur:
150 ml Sahne
100 g Halbbitter-schokolade
3 Blatt Gelatine

Schokobiskuit zubereiten, in Tortenform geben und bei 175 °C ca. 10 Minuten backen. Auskühlen lassen.

Biskuit wieder in den Tortenring geben. Mit Bananen halbiert oder ganz belegen.

Gelatine einweichen. Aus Milch, Zucker und Vanillepuddingpulver einen Pudding kochen. Ausgedrückte Gelatine zugeben und gut unterrühren. Abkühlen lassen. Sahne steifschlagen, unter den Pudding heben, auf den Bananen verteilen und im Kühlschrank fest werden lassen.

Für die Glasur Sahne erhitzen, Schokolade in der Sahne schmelzen, Gelatine einweichen, ausdrücken und dazugeben. Abkühlen lassen und lauwarm über die Sahne-Pudding-Mischung geben. Torte nochmals kurz kalt stellen, bis die Glasur fest ist.

Kirsch-Topfen-Kuchen

Mürbteig:
250 g Dinkelmehl
1/2 Pkg. Backpulver
3 EL Kakao
125 g Zucker
1 Pkg. Vanillezucker
100 g Butter
1 Ei

Füllung:
2 Gläser entsteinte Sauerkirschen
3 Eier
100 g Zucker
1 Pkg. Vanillezucker
500 g Topfen
1/2 l Sahne

Guss:
2 Pkg. roter Tortenguss
1/2 l Sauerkirschsaft

Einen Mürbteig herstellen. In die Form geben, Boden und Rand damit auskleiden. Den Rand gut andrücken. Kalt stellen!

Kirschen gut abtropfen lassen. Die Eier mit Zucker verrühren, Topfen und Vanillepuddingpulver zugeben. Die geschlagene Sahne unter die Topfenmasse geben.

Kirschen auf dem Mürbteig verteilen und Topfenmasse über die Kirschen gießen, bei 175 °C ca. 60–70 Minuten backen und in der Form erkalten lassen.

Aus dem Sauerkirschsaft und dem Tortengusspulver den Guss zubereiten, über den kalten Kuchen gießen.

Schneller Sauerkirschkuchen

250 g Butter
185 g Zucker
5 Eidotter
160 g geriebene Mandeln
160 g geriebene Schokolade
2–3 EL Rum
160 g Dinkelmehl
1/2 TL Backpulver
1 TL Zimt
5 Eiklar
1 Glas Sauerkirschen

Aus weicher Butter, Zucker und Eidotter eine Schaummasse rühren. Mandeln, Schokolade und Rum zugeben. Mehl, Backpulver und Zimt mischen und darübersieben, unterheben, steifgeschlagenen Eischnee ebenfalls vorsichtig unterheben. Teig in eine mit Backpapier ausgelegte Tortenform füllen und mit frischen, entsteinten Sauerkirschen belegen (alternativ Sauerkirschen aus dem Glas).

Bei 175 °C Ober- und Unterhitze ca. 50–60 Minuten backen.

Tipp: *Schmeckt auch sofort aus dem Backrohr wunderbar!*

Hohenstaufner Kirschkuchen

Hefemürbteig:
300 g Mehl
20 g frische Hefe
2 EL lauwarme Milch
1 Ei
70 g Zucker
70 g Butter

Füllung:
2 Gläser Sauerkirschen
50 g Speisestärke
2 cl Kirschwasser
oder Rum

Streusel:
100 g Mehl
90 g Zucker
90 g Butter
1 Pkg. Vanillezucker
1 TL Zimt

50 g gestiftelte Mandeln

Belag:
1/2 l Sahne
1 Pkg. Vanillezucker
100 g Schokoflocken

Kirschen abtropfen lassen, Saft auffangen. Kirschsaft mit Speisestärke zu einem Pudding kochen, Kirschen unterheben. Nach dem Auskühlen mit Kirschwasser oder Rum abschmecken.

Mehl in eine Schüssel sieben, Hefe in lauwarmer Milch auflösen, mit den anderen Zutaten zum Mehl geben und zu einem glatten Mürbteig verkneten. In die Tortenform geben, ausrollen, den Rand ca. 3 cm hochziehen und andrücken.

Kirschfüllung darauf verteilen.

Die Zutaten für die Streusel miteinander vermischen, über die Kirschfüllung geben, darüber noch die Mandelstifte streuen.

Im vorgeheizten Rohr bei 190 °C ca. 45 Minuten backen.

Nach dem Erkalten die Schlagsahne mit Vanillezucker steifschlagen und auf dem Kuchen wolkenförmig verteilen. Mit Schokoflocken bestreuen.

Tipp: *Altes überliefertes Rezept!*

Apfelschnitten

Rührteig:
200 g Butter
200 g Staubzucker
1 Pkg. Vanillezucker
5 Eier
400 g Dinkelmehl
1/2 Pkg. Backpulver
250 g Sauerrahm

Fülle:
5 geraspelte Äpfel
Zitronensaft
Zimt
50 g Rosinen

Streusel:
120 g Dinkelmehl
80 g Zucker
80 g Butter
40 g Nüsse
1 TL Zimt

Mandelblättchen

Aus weicher Butter, Zucker, Vanillezucker und Eiern einen cremigen Rührteig herstellen (Eier langsam zugeben), Sauerrahm und Mehl-Backpulver-Gemisch unterheben. Den halben Teig aufs Blech streichen, Apfelfülle daraufgeben, mit restlichem Teig abdecken, Streusel (alle Zutaten mit der Butter etwas verbröseln) und Mandelblättchen darüberstreuen.

Im vorgeheizten Backrohr bci 175 °C Heißluft ca. 30 Minuten backen.

Tipp: *Schmeckt fein mit Rhabarbermus – angedickt mit einem Päckchen Vanillepudding!*

Zwetschkenkuchen mit Streusel

Mürbteig:
300 g Dinkelmehl
200 g Butter
100 g Staubzucker
1 Pkg. Vanillezucker
1 Ei

Streusel:
100 g Dinkelmehl
100 g geriebene Nüsse
100 g Butter
1 TL Zimt

1 kg Zwetschken

Einen Mürbteig herstellen und kühl rasten lassen. Dann auf einem mit Backpapier ausgelegten Kuchenblech auswalken und mit den entsteinten geviertelten Zwetschken ziegelartig belegen. Die Zimtstreusel (alle Zutaten mit der Butter etwas verbröseln) darauf verteilen.

Bei 180 °C Heißluft ca. 30–40 Minuten backen.

Tipp: *Schmeckt wunderbar mit etwas Sahne dazu!*

Stracciatella-Muffins

200 ml Sahne
150 g Zucker
1 Pkg. Vanillezucker
3 Eier, getrennt
220 g Kuchenmehl
2 TL Backpulver
3 EL Nutella

Füllung:
250 ml Sahne
Schokoraspel

Für den Teig die Sahne halbsteif schlagen, Zucker und Vanillezucker unterrühren. Eidotter unter die Sahne rühren. Mehl und Backpulver mischen und abwechselnd mit dem steifgeschlagenen Eischnee vorsichtig unterheben. Nutella zuletzt leicht unterheben.

Den Teig in vorbereitete Muffinformen geben und im vorgeheizten Backrohr bei 180 °C ca. 20 Minuten backen.

Von den ausgekühlten Muffins den oberen Teil abschneiden und mit geschlagener Sahne mit Schokoraspel gemischt füllen.

Tipp: *Die Muffins schmecken auch ohne Füllung, mit einer Staubzuckerhaube!*

Marillen-Streusel-Fladen

Mürbteig:
250 g Dinkelmehl
150 g Butter
50 g Staubzucker
1 Ei
1 Prise Salz
1 Pkg. Vanillezucker

Guss:
2 Eier
40 g Zucker
250 g Topfen
1 Pkg. Vanille-puddingpulver
300 ml Milch
1 Prise Salz
1 Pkg. Vanillezucker
50 g geschlagene Sahne

Streusel:
100 g Dinkelmehl
40 g Butter
40 g Zucker
40 g geriebene Mandeln

ca. 1 kg frische Marillen
100 g Marzipan
etwas Orangensaft

Für den Mürbteig Mehl mit Butter vermengen, mit restlichen Zutaten zu einem Teig verarbeiten. 30 Minuten kalt rasten lassen.

Zutaten für den Guss gut verrühren und am Schluss die geschlagene Sahne unterrühren.

Für die Streusel Mehl mit Butter abbröseln und die übrigen Zutaten untermischen.

Fladen- oder Tarteform (ca. 30 cm) mit dem Mürbteig auslegen, Marzipan mit einem Esslöffel Orangensaft geschmeidig rühren und den Boden damit einstreichen.

Marillen vierteln und auf dem Tortenboden ziegelartig aneinander legen. Guss darüber verteilen und bei 175 °C backen. Nach 30 Minuten die Streusel darauf verteilen und weitere 15 Minuten fertig backen.

Tipp: *Schmeckt auch mit Zwetschken sehr fein.*

Schokogugelhupf

140 g Kochschokolade
140 g weiche Butter
8 Eier
1 Pkg. Vanillezucker
140 g Backzucker
60 g Semmelbrösel
180 g geriebene Haselnüsse
100 g Kochschokolade, grob gehackt

Zum Bestreichen:
passierte Marillenmarmelade

Glasur:
200 g Kochschokolade
40 g Ceres
evtl. gehackte Pistazien

Die 140 g Kochschokolade über Wasserdampf schmelzen lassen.

Butter mit Vanillezucker und der halben Menge Zucker und wenig Salz cremig rühren. Dotter nach und nach einrühren. Geschmolzene Schokolade unterziehen. Eiklar zu steifem Schnee schlagen, restlichen Zucker löffelweise zugeben und noch weiterrühren, bis der Eischnee schön fest ist. Brösel, Nüsse und Schokoladestücke unterheben.

Die Masse in die vorbereitete Gugelhupfform oder Kranzkuchenform füllen. Im vorgeheizten Rohr bei ca. 160 °C etwa 1 Stunde backen.

Nach dem Auskühlen mit passierter Marillenmarmelade bestreichen.

Kochschokolade und Ceres über Wasserdampf erweichen, schön glattrühren und über den Kuchen geben. Eventuell mit gehackten Pistazien bestreuen.

Tipp: *Dieser Gugelhupf oder Kranzkuchen schmeckt nach Tagen noch saftig und richtig schokoladig!*

Birnenkuchen

250 g Butter
200 g Zucker
1 Pkg. Vanillezucker
4 Eier
1 Prise Salz
200 g Kuchenmehl (Dinkelmehl)
125 g Maizena
80 g Kakao
1/2 Pkg. Backpulver
8 EL Rum

Belag:
2 Gläser oder Dosen Birnen

Glasur:
Marillenmarmelade

Zum Bestreuen:
50–100 g Mandelblättchen

Für den Boden aus den Zutaten einen Rührteig zubereiten und auf ein mit Backpapier ausgelegtes Blech geben.

Für den Belag frische Birnen schälen und klein schneiden oder Birnen aus dem Glas (Dose) gut abtropfen lassen, auf den Teig legen und im vorgeheizten Backofen ca. 40–50 Minuten backen.

Sofort nach dem Backen mit passierter Marillenmarmelade bestreichen und mit gerösteten Mandelblättchen bestreuen.

Tipp: *Dieser Rührteigkuchen ist schnell gemacht, wenn sich Gäste kurzfristig anmelden.*

Kirsch-Tiramisu-Torte

Biskuit:
2 Eier
60 g Zucker
60 g Kuchenmehl
1 EL Cappuccino-Pulver

Belag:
300 g Kirschen
80 g Amaretinis (kleines Mandelgebäck)
1 Tasse kalter Kaffee zum Tränken

Creme:
500 g Qimiq
2 EL Cappuccino-Pulver
250 g Magertopfen
250 ml Sahne

2 EL Kakao
4 EL geraspelte Schokolade

Biskuitteig herstellen, in einer Tortenform backen und auskühlen lassen. Form wieder um den gebackenen Biskuit legen.

Kirschen aus dem Glas abtropfen lassen. Auf dem Biskuit verteilen, Amaretinis in Kaffee tränken und auf die Kirschen legen.

Für die Creme Qimiq, Cappuccino-Pulver und Topfen glattrühren. Sahne steifschlagen und unterziehen.

Creme obenauf verteilen und glattstreichen. Über Nacht kalt stellen. Torte aus der Form lösen. Mit Kakao bestreuen, eventuell durch Schablone. Den Rand der Torte mit geraspelter Schokolade bestreuen.

Tipp: *Anstelle von Qimiq kann man auch 250 g Mascarpone, 250 ml Sahne, 50 g Zucker und 9 Blatt Gelatine verwenden.*

Bregenzerwälder Haustorte

250 g Butter
250 g Backzucker
3 Rippen Bitter-
schokolade
7 Eidotter
7 Eiklar
250 g geriebene Nüsse

Marillenmarmelade
zum Bestreichen

Schokoglasur:
200 g Schokolade
40 g Ceres

Weiche Butter mit der Hälfte des Backzuckers und den Eidottern mit Mixer zu einer cremigen Masse rühren, Schokolade über Dampf erweichen lassen, zugeben. Die Eiklar zu festem Schnee schlagen, mit der anderen Hälfte des Zuckers noch etwas weiterschlagen, bis die Schneemasse schön fest ist. Nüsse und Eischnee unter die Dottermasse heben.

In eine Tortenform geben und im vorgeheizten Backrohr bei ca. 180 °C etwa 1 Stunde backen.

Nach dem Auskühlen die Torte mit Marillenmarmelade bestreichen und mit Schokoglasur überziehen.

Tipp: *Die Torte kann 2–3 Tage im Voraus gebacken werden.*

+++

Joghurt-Baumkuchenroulade

Biskuit:
6 Eier, getrennt
180 g Zucker
1 Pkg. Vanillezucker
180 g Kuchenmehl

Füllung:
Marillenmarmelade

Joghurtcreme:
1 Becher Naturjoghurt
1 Becher Sauerrahm
3 EL Staubzucker
Saft und Schale
von 1/2 Zitrone
4 Blatt Gelatine
1 EL Rum
3/8 l Sahne

Eiklar in der Küchenmaschine zu steifem Schnee schlagen, Vanillezucker sowie Zucker löffelweise dazugeben, noch etwas weiterschlagen, Eidotter noch während des Rührens dazugeben und kurz weiterschlagen lassen, gesiebtes Mehl unterheben. Teig halbieren und jeweils auf ein mit Backfolie ausgelegtes Backblech streichen. Bei ca. 200 °C ca. 10 Minuten backen. Gleich abdecken, damit die Feuchtigkeit in der Roulade bleibt.

Für die Creme Joghurt und Sauerrahm mit dem Staubzucker, Zitronensaft und -schale verrühren. Die eingeweichte und ausgedrückte Gelatine in Rum auflösen und unter die Joghurtcreme geben. Sahne steifschlagen und ebenfalls unterheben.

Eine Teigplatte wird mit Marillenmarmelade bestrichen und von der schmalen Seite her eng eingerollt.

Von der anderen Teigplatte ein Drittel seitlich abschneiden für den Deckel. Biskuit auf Backfolie legen, mit Joghurtcreme bestreichen, mit Folie in die Baumkuchenform einlegen, Marillenroulade einlegen und mit Joghurtcreme auffüllen. Biskuitdeckel darauflegen, etwas andrücken. Über Nacht gekühlt festwerden lassen.

Walnuss-Baumkuchenroulade

Biskuit dunkel:
3 Eier, getrennt
60 g Zucker
90 g Kuchenmehl
1 TL Kakao

Biskuit hell:
3 Eier, getrennt
60 g Zucker
80 g Kuchenmehl
30 g geriebene Walnüsse

Füllung:
1 kleines Glas Preiselbeermarmelade

Walnuss-Sahne-Creme:
500 ml Sahne
50 g gehackte Walnüsse
1 Pkg. Vanillezucker
1 EL Staubzucker

Je einen hellen und einen dunklen Biskuitteig herstellen. Jeweils auf Backfolie glattstreichen und bei 200 °C ca. 10 Minuten backen.

Die helle Roulade mit Preiselbeermarmelade bestreichen und von der schmalen Seite her ganz dicht aufrollen.

Für die Creme Sahne steifschlagen, Vanille- und Staubzucker dazugeben, fein gehackte Walnüsse unterheben.

Ca. ein Drittel von der dunklen Roulade seitlich abschneiden, wird zuletzt als Deckel daraufgegeben.

Die dunkle Roulade auf Backfolie legen, mit der Nusssahne bestreichen, mit der Folie in die Baumkuchenform einlegen, die kleine Preiselbeerroulade wird in die Mitte gelegt, mit der restlichen Nusssahne aufgefüllt. Den Deckel darauflegen, etwas andrücken. Kühl stellen, am besten über Nacht durchziehen lassen.

Tipp: *Baumkuchenroulade ist schnell gemacht und kann optisch mit jeder Torte mithalten.*

Eistorte ohne Boden

Eismasse:
750 ml Sahne
125 g Baiser-Gebäck
50 g gehackte Walnüsse
100 g gehackte Schokolade
evtl. etwas Rumrosinen

Sahne und geraspelte Schokolade zum Garnieren

Die Sahne steifschlagen, Baiser grob hineinbröckeln und mit den übrigen Zutaten vermengen.

Die Eistorte ohne Boden kann gut in einer mit Folie ausgekleideten Rehrückenform gefroren und dann in Scheiben serviert werden. Mindestens 3 Stunden gefrieren lassen. 1/2 Stunde vor dem Servieren aus der Gefriertruhe nehmen.

Mit Sahne und geraspelter Schokolade servieren.

Tipp: *Ein feines Dessert, das schon vorweg gemacht werden kann. Im Sommer zu einer Tasse Kaffee servieren.*

Mandel-Eistorte

Biskuit:
2 Eier
60 g Zucker
60 g Kuchenmehl

Creme:
160 g Mandelblättchen
200 g Baiser-Gebäck
100 g Zartbitterschokolade
500 ml Sahne

Verzierung:
50 g Schokoglasur
Giotto-Kugeln

Biskuit herstellen und in Tortenform bei 175 °C ca. 10 Minuten backen.

Mandelblättchen in einer Pfanne ohne Fett hell rösten. 2 EL davon für die Verzierung beiseite stellen. Baiser grob zerkleinern, Schokolade grob hacken. Sahne steifschlagen, Mandelblättchen, Baiser und Schokolade unterheben und auf dem Biskuitboden verteilen. Für 2 Stunden in den Gefrierschrank stellen. Aus der Form lösen, mit restlichen Mandelblättchen bestreuen und mit geschmolzener Schokoglasur und halbierten Giottokugeln garnieren.

Pikante Roulade

5 Eier, getrennt
1/2 TL Salz
5 Eidotter
wenig Paprika,
Pfeffer, Muskat
90 g Dinkelmehl

Füllung:
250 g Topfen
1/2 Becher Sauerrahm
3 Essiggurken
1 roter Paprika, fein geschnitten
Kräuter der Saison
Salz und Pfeffer
200 g Schinken in Scheiben

Eiklar und Salz zusammen steifschlagen. Eidotter und Gewürze unterziehen. Mehl dazusieben und vorsichtig unterheben. Masse auf dem mit Backpapier oder Backfolie belegten Blech glattstreichen, ca. 8 Minuten im vorgeheizten Backrohr bei 220 °C backen.

Biskuit nach dem Backen zugedeckt auskühlen lassen (die Feuchtigkeit bleibt so im Teig und er lässt sich gut einrollen).

Für die Füllung Topfen, Sauerrahm, Paprika und Essiggurken verrühren, mit Kräutern, Salz und Pfeffer würzen. Ausgekühlte Roulade damit bestreichen. Schinkenscheiben darauflegen, Roulade einrollen und in der Dauerbackfolie ca. 2 Stunden kühl stellen.

Vor dem Servieren in ca. 1 cm dicke Scheiben schneiden.

Tipp: *Mit Salat als kleines Abendessen oder als feine Vorspeise servieren!*

Pikante Lauch-Zwiebel-Torte

Hefemürbteig:
300 g Dinkelmehl
1/2 TL Salz
150 g Butter
1/2 Becher Sauerrahm
1/2 Würfel Hefe

Belag:
200 g gekochter Schinken
2 EL Sonnenblumenöl
500 g Zwiebeln
2 Stangen Lauch
1 Becher Sauerrahm
1 Becher Crème fraîche
2 EL Kartoffelstärke
200 g Emmentaler
Salz, Pfeffer, Muskat

Mehl, Salz, Hefe und Butter zu einem Mürbteig kneten und kalt stellen.

Für den Belag Schinken in Streifen schneiden oder würfeln. Öl erhitzen, Zwiebeln in Würfel schneiden und dünsten. Lauch in Ringe schneiden und mitdünsten. Abkühlen lassen.

Sauerrahm und Crème fraîche mit Kartoffelstärke verrühren und unterrühren. Käse reiben, zugeben und pikant abschmecken.

Teig in Form ausrollen, Fülle daraufgeben und im vorgeheizten Backofen ca. 45 Minuten backen (Ober- und Unterhitze 200 °C oder Heißluft 180 °C).

Tipp: *Der ideale Snack für den Abend!*

Pikanter Wirsingkuchen

Topfenölteig:
250 g Mehl
1 Pkg. Backpulver
125 g Magertopfen
2 TL Salz
2 Eier
3 EL Sonnenblumenöl

Belag:
500 g Wirsing
Salz
1 EL Butter
300 g Kasseler
Salz, Pfeffer, Kümmel
1/2 Becher Sauerrahm
1 Becher Crème fraîche
2 Eier
Kräuter der Saison
evtl. etwas Kräutersalz
Pfeffer
1/2 EL Maizena
100 g geriebener Bergkäse

Für den Topfenölteig Mehl, Backpulver, Topfen, Salz und Eier mit dem Knethaken des Rührgerätes so lange kneten, bis ein geschmeidiger Teig entstanden ist. Den Teig mit den Händen nochmals durchkneten und zwischen zwei Backfolien auswalken.

In eine Tortenform geben, den Rand ca. 3 cm hochziehen und andrücken.

Für den Belag Wirsing in feine Streifen schneiden, in Salzwasser blanchieren und abschrecken, abgetropft in heißer Butter dünsten. Kasseler in Würfel schneiden und zugeben, pikant abschmecken, etwas abkühlen lassen. Sauerrahm, Crème fraîche, Eier, Kräuter, Gewürze und Maizena mischen, gemeinsam mit dem Käse unterheben und auf den vorbereiteten Teig geben.

Bei 180 °C Ober- und Unterhitze ca. 45 Minuten backen.

Tipp: *Lässt sich gut vorbereiten, wenn Gäste kommen.*

Tirol

Rosa Prem stellt sich vor

Ich bin 1970 geboren und mit meinen acht Geschwistern auf dem elterlichen Hof aufgewachsen. Nach der Pflichtschule erlernte ich den Beruf Köchin und arbeitete einige Jahre in der Gastronomie. Immer wieder besuchte ich verschiedene weiterbildende Koch- bzw. Ernährungskurse. Anschließend wechselte ich in das Krankenhaus nach Schwaz und machte das Diplom für Diätkoch.
Nun bewirtschafte ich mit meinem Mann und unseren drei Kindern einen kleinen Bergbauernhof am Wattenberg. Ich bin gerne Bäuerin und schätze alles, was wir aus unserem landwirtschaftlichen Betrieb zur Eigenversorgung erwirtschaften können.
Es macht mir Freude, vieles selber erzeugen zu können, und damit entstand mein Wunsch nach der Ausbildung zur Seminarbäuerin. Inzwischen halte ich verschiedene Kochkurse.
Ich bin überzeugt von unserer heimischen Landwirtschaft, deren hoher Qualität und der jahreszeitlichen Vielfalt, und nicht zuletzt von den vielen Vorteilen in unserem Ernährungsalltag bei aktiver Verwendung.
Zu meinen Lieblingsaufgaben in der Küche zählt die süße Ecke. Süßes ist nicht gleich Süßes, vor allem nicht, wenn man es selber zubereitet. Den

Zucker einsparen oder mit etwas anderem ersetzen, das Auszugsmehl mit Vollkornmehl aufwerten, gute natürliche Zutaten verwenden, dann muss Naschen nicht immer Sünde sein.

Ich wünsche Ihnen viel Freude beim Ausprobieren und genießen Sie mit Ihren Lieben das gute Süße!

Grammelkuchen

5 Eier, getrennt
3 Eier
125 g Zucker
1 Prise Salz
1 Pkg. Vanillezucker
1/2 TL Zimt
500 g feine Grammeln
500 g Mehl
1 Pkg. Backpulver
Marmelade (Ribisel, Preiselbeeren)

Eier, Zucker, Salz, Vanillezucker und Zimt schaumig rühren, die Grammeln darunterrühren. Mehl mit Backpulver vermischt unterheben (bei Bedarf 3–4 EL Milch dazugeben).

Zwei Drittel vom Teig ausrollen und auf ein Blech geben und mit Marmelade bestreichen. Mit dem restlichen Teig Rollen formen und ein Gitter auf den Kuchenboden legen.

Den Kuchen bei 170 °C ca. 30 Minuten backen.

Tipp: *Dieser Kuchen ist sehr gut haltbar.*

Himmlische Apfeltorte

Mürbteig:
250 g Butter
200 g Zucker
2–3 Eier
1 Pkg. Vanillezucker
1 Prise Salz
200 g Nüsse oder Mandeln
300 g Mehl
Zimt, Nelkenpulver

Apfelfülle:
5 große Äpfel
1/2 l Apfelsaft
1 Pkg. Vanille-puddingpulver

1/4–1/2 l Rahm und Zimt zum Garnieren

Mehl mit Butter abbröseln, Zucker, Vanillezucker, Salz, Zimt und Nelkenpulver dazugeben und dann mit den geriebenen Nüssen und den Eiern rasch zu einem Mürbteig verkneten. Den Teig 1/2 Stunde kühl stellen.

Für die Apfelfülle den Apfelsaft aufkochen lassen und mit dem Puddingpulver eindicken. Die Äpfel grob raspeln oder hobeln und in die heiße Puddingmasse geben. Den Mürbteig ausrollen und damit eine Tortenform auskleiden.

Die noch warme Apfel-Pudding-Masse einfüllen und bei 180 °C ca. 25 Minuten backen. Die ausgekühlte Torte mit geschlagenem Rahm wolkenartig behäufen und mit Zimt bestäuben.

Feigenkranz

300 g Trockenfeigen
200 g Vollrohrzucker
1 TL Zimt
1 Prise Salz
1/2 TL Nelkenpulver
200 ml Milch
100 g Butter
500 g Mehl
1 Pkg. Weinstein-backpulver
Staubzucker zum Bestreuen

Die Feigen über Nacht einweichen, das Wasser abseihen und die Feigen fein zerkleinern. Butter mit Eiern, Zucker, Zimt, Salz und Nelkenpulver schaumig rühren. Die Feigen, Milch und Mehl, vermischt mit Backpulver, unterheben. Die Teigmasse in eine Kranzform füllen.

Bei 175 °C ca. 30–40 Minuten backen und mit Staubzucker bestreuen.

Süßes Topfenbrot

150 g Butter
200 g Zucker
1 Pkg. Vanillezucker
1 Prise Salz
Saft und Schale
von 1 Zitrone
2 Eier
100 g Mandeln, geschält
und gerieben
150 g Rosinen
500 g Topfen
500 g Mehl
1 Pkg. Backpulver

Butter, Zucker, Vanillezucker und Salz flaumig rühren. Eier und Zitronensaft und -zesten darunterrühren. Die Rosinen und den Topfen beimengen. Zum Schluss noch die geriebenen Mandeln und das Mehl mit Backpulver vermischt unterheben.

Den Teig in zwei befettete und bemehlte Kastenformen füllen und bei 170 °C ca. 50 Minuten backen.

Tipps: *Schmeckt auch vorzüglich als Stollen in der Weihnachtszeit!*
Man kann ihn auch mit flüssiger Butter bepinseln und mit Staubzucker bestreuen.

Erdäpfelkuchen mit Powidl

400 g Erdäpfel
4 Eidotter
100 g Staubzucker
etwas Zitronenschale
1 TL Zimt
150 g Mehl
1 Pkg. Backpulver
100 g geriebene Nüsse
4 Eiklar
150 g Zucker
Powidl (Pflaumenmus)
zum Füllen

Erdäpfel kochen, schälen und passieren. Dotter mit Staubzucker und Zimt schaumig aufschlagen. Mehl und Backpulver vermischen und mit den Nüssen sowie den Erdäpfeln unterheben. Eiklar mit dem Zucker zu steifem Schnee schlagen und vorsichtig unterheben.

Teig in eine befettete und bemehlte Tortenform füllen und bei 175 °C ca. 35–40 Minuten backen.

Ausgekühlte Torte durchschneiden und mit Powidl füllen. Zum Verzieren kann man ein Schokoladegitter aufziehen und aus etwas geschlagenem Rahm, mit Powidl vermischt, Rosetten aufspritzen.

Kernöltorte mit Fruchtspiegel

Biskuit:
6 Eidotter
100 g Staubzucker
1 Prise Salz
1 Pkg. Vanillezucker
1/8 l lauwarmes Wasser
1/8 l Kürbiskernöl
6 Eiklar
100 g Zucker
250 g Mehl
3 EL geriebene Kürbiskerne
1 TL Backpulver

Fülle:
1/2 l Vanillepudding, erkaltet
6 Blatt Gelatine
1/4 l Rahm
1/4 l Joghurt

Fruchtspiegel:
1/2 l passierte Fruchtsauce (Pfirsich, Himbeere, ...)
6 Blatt Gelatine
2 EL Joghurt oder Joghurt-Sauerrahm-MIschung zum Verzieren

Dotter mit Staubzucker, Salz und Vanillezucker flaumig rühren, Wasser und Öl dazugeben.

Eiklar mit Zucker steifschlagen, abwechselnd mit Mehl, Backpulver und Kürbiskernen unter die Dottermasse heben.

In die Tortenform füllen und bei 180 °C ca. 30 Minuten backen, auskühlen lassen.

Pudding mit Joghurt verrühren, die aufgelöste Gelatine dazugeben und den geschlagenen Rahm unterheben. Torte zweimal durchschneiden, mit Creme füllen und mit einer dünnen Cremeschicht abschließen.

Für den Fruchtspiegel aufgelöste Gelatine zur Fruchtsauce geben und auf die gekühlte Torte gießen. Mit Joghurt oder einer Joghurt-Sauerrahm-Mischung ein Muster in die Fruchtsauce einziehen. Kühl stellen, aus der Form lösen und fertig garnieren.

Bienenstich

1/4 Topfen 20 %
8 EL Rahm
1 Ei
100 g Honig
5 EL Öl
1 Pkg. Vanillezucker
400 g Weizenvollmehl
1 Weinsteinbackpulver

Fülle:
1/2 l Milch
1 1/2 Pkg. Vanillepuddingpulver
80 g Zucker
1/4 l Rahm
4 Blatt Gelatine

Belag:
100 g Butter
100 g Zucker
150 g Mandeln, gehobelt
3 EL Milch
1 EL Honig
1 Pkg. Vanillezucker

Für den Teig den Topfen mit dem Rahm glattrühren. Vanillezucker, Honig und Ei daruntermischen. Das Öl portionsweise einrühren. Das Mehl mit dem Backpulver vermischt unterrühren. Den Teig in einer runden Tortenform ausrollen, den ausgekühlten Belag daraufgeben und sofort bei 180 °C ca. 35–40 Minuten backen.

Für den Belag Butter, Zucker, Milch, Vanillezucker und Honig erwärmen und die Mandeln beigeben.

Für die Fülle Vanillepudding zubereiten und auskühlen lassen. Die aufgelöste Gelatine und den geschlagenen Rahm unterheben.

Gut ausgekühlte Bienenstichtorte einmal durchschneiden, wieder mit dem Tortenring umstellen. Mit der Puddingcreme füllen und den Deckel mit dem Belag daraufgeben.

Tipp: *Schmeckt auch ohne Fülle hervorragend, wenn die Teigmasse mit doppelter Belagmenge auf dem Backblech gebacken wird.*

Zwetschkenfleck mit Kürbis-Marzipan-Streusel

200 g Butter
100 g Zucker
300 g Mehl
2 Eier
1 Prise Salz

Belag:
500 g Topfen
(20 oder 40 %)
150 g Staubzucker
1 Pkg. Vanillezucker
1 Prise Salz
Saft und Schale
von 1/2 Zitrone
1 Pkg. Vanille-
puddingpulver
2 Eier
ca. 1/2 kg frische
oder gefrorene
Zwetschkenhälften

Streusel:
200 g Marzipan
100 g grob gehackte
Kürbiskerne
1 EL Zitronensaft

Butter, Zucker, Mehl und Eier zu einem glatten Teig verkneten und 30 Minuten kühl stellen. Teig ausrollen und auf ein befettetes und bemehltes Backblech legen. Die Fülle daraufstreichen und die Zwetschkenhälften gleichmäßig verteilen. Kürbis-Marzipan-Streusel daraufstreuen und bei 175 °C ca. 35–40 Minuten backen.

Für die Fülle Topfen mit Staubzucker, Vanillezucker, Salz, Zitronensaft und -schale glattrühren und das Puddingpulver mit den Eiern untermengen.

Für den Streusel Marzipan grob zerkleinern und mit Kürbiskernen verbröseln. Zitronensaft darüberträufeln.

Tipp: *Schmeckt auch mit Marillenhälften ausgezeichnet.*

Heidelbeerkuchen mit Eierlikör

Teig:
1/4 l Rahm
3 Eier
300 g Mehl
240 g Zucker
1 Pkg. Vanillezucker
1/2 Pkg. Backpulver

150–200 g Heidelbeeren
1/8 l Eierlikör
250–300 ml Rahm

Eier und Rahm verrühren, restliche Zutaten zugeben und alles nochmals verrühren. In eine Tortenform füllen, mit Heidelbeeren belegen und im vorgeheizten Rohr bei 180 °C backen.

Den Kuchen auskühlen lassen, mit Eierlikör bestreichen, den steifgeschlagenen Rahm darauf verteilen und mit dem restlichen Eierlikör Streifen über den Rahm ziehen (Eierlikör in Klarsichtbeutel füllen, eine winzige Ecke abschneiden und Streifen ziehen).

Tipp: *Es kann jedes Obst der Saison für diesen Teigboden verwendet werden, mit Mandeln bestreuen.*

Flockenwürfel

200 g Butter
250 g Zucker
1 Pkg. Vanillezucker
1 Prise Salz
6 Eier
200 g zerlassene Kochschokolade
1/4 l lauwarme Milch
30 g Mehl
1 Pkg. Backpulver

einfache Schokoladeglasur:
200 ml Rahm
200 g Kochschokolade

Marillenmarmelade zum Bestreichen
Kokosette zum Bestreuen

Butter mit Zucker, Vanillezucker und Salz sehr flaumig rühren. Die Eier nach und nach dazugeben und die zerlassene, nicht zu warme Schokolade beigeben. Die lauwarme Milch mit dem mit Backpulver vermischten Mehl abwechselnd kurz unterrühren. Auf ein befettetes und bemehltes Backblech streichen und bei 175 °C ca. 30–40 Minuten backen. Auskühlen lassen.

Für die Schokoladeglasur Rahm erwärmen. Grob zerkleinerte Kochschokolade (oder etwas weniger) dazugeben und auflösen, sodass sie dickflüssig ist. Die Glasur soll nur gut warm sein, aber niemals kochen, da sie sonst den Glanz verliert.

Den Kuchen dünn mit passierter Marillenmarmelade bestreichen, mit Schokoladeglasur überziehen und dick mit Kokosette bestreuen. In quadratische Stücke schneiden.

Topfen-Kardinalschnitten

3 Eier, getrennt
90 g Kristallzucker
1 Pkg. Vanillezucker
1 Prise Salz
Schale von 1/2 unbehandelten Zitrone
90 g Mehl
1 EL Kakao

Fülle:
500 g Topfen 20 %
70 g Staubzucker
1 Pkg. Vanillezucker
Saft von 1/2 Zitrone
4 Blatt Gelatine
125 ml Rahm

Dotter mit einem Drittel vom Zucker, Vanillezucker und geriebener Zitronenschale gut cremig rühren. Eiklar mit restlichem Zucker zu steifem Schnee schlagen. Ein Drittel vom Schnee unter die Dottermasse heben. Mehl über die Masse sieben und gemeinsam mit dem restlichen Schnee vorsichtig unterheben.

Masse halbieren und einen Teil mit Kakao einfärben. Jeweils eine Teigmasse in einen Spritzsack mit glatter Tülle füllen.

Abwechselnd helle und dunkle Streifen mit 1 cm Abstand dazwischen auf ein Backpapier aufspritzen. Nach 4 gespritzten Streifen mit ca. 30 cm Länge mehr Abstand halten. Den nächsten Teil mit entgegengesetzter Farbe der Teigmasse beginnen. Insgesamt drei Teigböden spritzen.

Biskuit im vorgeheizten Rohr bei 180 °C ca. 12 Minuten backen. Böden auskühlen lassen und vom Papier lösen.

Für die Fülle Topfen, Zucker, Vanillezucker und Zitrone glattrühren. Gelatine einweichen und auflösen, unter die Topfenmasse rühren. Zum Schluss den geschlagenen Rahm unterheben. Die Fülle quer über zwei Biskuitstreifen spritzen und diese zusammensetzen. Kühl stellen.

Birnen-Mohn-Torte

2 Eier
1 Becher Feinkristallzucker
1 Pkg. Vanillezucker
1 Prise Salz
1 Becher Joghurt
1 Becher Öl (Rapsöl)
etwas Zimt
1 Becher griffiges Mehl (Vollmehl)
1 Becher gemahlener Mohn
1/2 Pkg. Backpulver

Belag:
1 Dose Kompott-Birnenhälften
1/2 l Joghurt
80 g Zucker
1 Pkg. Vanillezucker
1/2 Zitronensaft
8 Blatt Gelatine
1/4 l Rahm

etwas geschlagener Rahm, eine Birnenhälfte und Minzblätter zum Verzieren

Eiklar mit Kristallzucker schaumig schlagen. Dotter und Öl hinzufügen. Joghurt mit Vanillezucker einrühren. Das mit Backpulver und Zimt vermischte Mehl gleichzeitig mit dem Mohn unterheben. Den Teig in eine Tortenform geben und im Rohr bei 170 °C etwa 40 Minuten backen.

Für den Belag Joghurt mit Zucker, Vanillezucker und Rum vermischen. Gelatine auflösen und daruntermischen. Zum Schluss den steifgeschlagenen Rahm unterheben.

Birnenhälften oder in Würfel geschnitten auf den ausgekühlten Tortenboden geben und diesen mit der Joghurtmasse auffüllen. Ein paar Stunden kühl stellen und dann mit Rahmrosetten, klein geschnittenen Birnenstücken und Minzblättern garnieren.

Buttermilchschnitten

200 g Butter
350 g Zucker
1 Pkg. Vanillezucker
1 Prise Salz
5 Eier
1/2 l Buttermilch
500 g Mehl
1 Pkg. Backpulver

Belag:
1 l Buttermilch
100 g Zucker
Saft und Schale von
1/2 Zitrone
12 Blatt Gelatine
1/2 l Rahm

Variante 1:
700 g Apfelmus
Zimt
8 Blatt Gelatine

Variante 2:
2 Gläser Sauerkirschen
(je ca. 700 g)
80 g Kristallzucker
100 g Maizena
Rum nach Geschmack

Etwas Butter mit Zucker, Salz, Zitronenschale und Vanillezucker cremig flaumig rühren. Die Eier nach und nach dazugeben. Die Buttermilch mit dem mit Backpulver vermischten Mehl kurz einrühren. Auf ein befettetes, bemehltes Backblech streichen und bei 180 °C ca. 30–40 Minuten backen.

Ausgekühlt Apfelmus oder Sauerkirschen daraufgeben und den Buttermilchbelag darübergießen. Kalt stellen. Mit Apfelspalten und Minzblättern oder Sauerkirschen und Schokoladeornamenten verzieren.

Für die Variante 1 Apfelmus mit Zimt vermischen und die aufgelöste Gelatine beigeben.

Für die Variante 2 etwas Sauerkirschsaft mit Maizena verrühren. Restlichen Sauerkirschsaft aufkochen und mit der Maizenamischung eindicken. Rum und Sauerkirschen dazugeben (einige Sauerkirschen zum Verzieren beiseite stellen). Auskühlen lassen.

Für den Belag Buttermilch mit Zucker und Zitronensaft und -schale verrühren. Aufgelöste Gelatine beigeben und den geschlagenen Rahm unterheben.

Tipp: *Buttermilchboden zur Hälfte abteilen und jeweils mit halber Menge von Variante 1 und 2 belegen.*

Buchweizenroulade mit Preiselbeerfüllung

Teig:
6 Eier
120 g Zucker
1 Pkg. Vanillezucker
1 Prise Salz
120 g Buchweizenmehl

Fülle:
1/4 l Rahm
200 g Preiselbeermarmelade

Eier, Zucker, Vanillezucker und Salz sehr flaumig rühren. Mehl leicht unterheben. Masse auf ein mit Backpapier ausgelegtes Blech streichen und bei 180 °C 12–15 Minuten hellbraun backen.

Aus dem Rohr nehmen und auf ein mit Staubzucker bestreutes Backpapier stürzen. Backpapier abziehen und auskühlen lassen.

Rahm steifschlagen und Preiselbeeren leicht untermengen. Auf die Roulade streichen und einrollen.

Besonderheit: *Kann ausgekühlt noch problemlos eingerollt werden.*

Variationsmöglichkeiten:
Buchweizenmehl durch 80 g Dinkelmehl und 40 g geröstete und geriebene Kürbiskerne oder Nüsse ersetzen.
Man könnte auch 2 EL Kakaopulver beimengen, damit man eine dunkle Roulade erhält.
Für die Fülle eine Topfen-Früchte-Creme verwenden: 1 Pkg. Qimiq glattrühren, 1 Pkg. Magertopfen unterrühren, zuckern nach Belieben, Vanillezucker und Zitronensaft dazugeben. Creme auf die Roulade streichen und Früchte (z.B. Himbeeren, Heidelbeeren, Pfirsichstücke, …) darauf verteilen, einrollen und kalt stellen.

Saftiges Kürbis-Apfel-Wandl

3/4 kg Äpfel, grob gerieben
1/4 kg Kürbis, gerieben
100 g Rosinen
200 g Dörrpflaumen, geschnitten
100 g Kürbiskerne, grob gehackt und geröstet
Zimt, Nelkenpulver, Muskat
Saft von 1 Zitrone
1/2 kg feines Dinkelmehl
1 Pkg. Weinstein-backpulver

Alle Zutaten bis auf Mehl und Backpulver mischen, ca. 2 Stunden stehenlassen. Dinkelmehl und Backpulver beimengen und rasch in zwei Kastenformen füllen. Mit Ei bestreichen, mit Kürbiskernen bestreuen und bei 200 °C ca. 40–45 Minuten backen.

Kühl gelagert ist dieses schmackhafte natürliche Kürbisgebäck auch über mehrere Tage gut haltbar.

Tipp: *Man kann die Kürbismasse anstatt mit Ei auch mit einem dicken Omelettenteig bestreichen. Dadurch entsteht eine gleichmäßigere Oberflächenbräunung.*

Geschenksidee: *Aus der Teigmasse 4–5 kleine Laibchen formen und backen. Wirkt nett in Zelophanpapier verpackt.*

Kastanientorte

Kakaobiskuitmasse:
7 Eier
200 g Kristallzucker
1 Prise Salz
1 Prise Vanillezucker
100 g Weizenmehl
50 g Maizena
35 g Kakaopulver
50 ml Öl

Kastanienfülle:
250 g Kastanienreis oder passierte Kastanien
50 g Zucker
50 ml Rum
4 Blatt Gelatine
300 ml Rahm

Preiselbeermarmelade zum Füllen und Verzieren
etwas Rahm und Kastanienreis zum Verzieren

Eier mit Kristallzucker, Salz und Vanillezucker schaumig aufschlagen, bis das Volumen der Masse nicht mehr zunimmt. Mehl, Maizena und Kakaopulver vermischen und vorsichtig unter die Masse heben. Abschließend Öl behutsam unterziehen. In eine befettete und bemehlte Tortenform geben und im vorgeheizten Backrohr bei 180 °C 35–40 Minuten backen.

Für die Fülle Kastanienreis mit Zucker und Rum verrühren, aufgelöste Gelatine dazugeben und den geschlagenen Rahm unterheben.

Den ausgekühlten Tortenboden zweimal durschneiden und wieder mit dem Tortenring umstellen. Den untersten Boden mit Preiselbeermarmelade bestreichen. Danach den zweiten Boden daraufsetzen. Zwei Drittel der Kastanienfülle daraufgeben, mit dem letzten Tortenboden abdecken und mit der restlichen Kastanienfülle bestreichen.

Kühl stellen, dann aus der Form nehmen, mit geschlagenem Rahm, Kastanienreis und Preiselbeermarmelade verzieren.

Gschmackiger Maiskuchen

80 g Butter
5 EL Honig
1 Pkg. Vanillezucker
1 Prise Salz
3 Eidotter
200 ml Rahm
1 fein geriebener Apfel
100 g Rosinen
50 g geriebene Kürbiskerne
150 g Maismehl
150 g Buchweizenmehl
1/2 Pkg. Weinsteinbackpulver
3 Eiklar

Butter, Dotter, Vanillezucker, Salz und 4 EL Honig schaumig rühren. Fein geriebenen Apfel, die Rosinen und den Rahm beigeben. Eiklar mit 1 EL Honig steifschlagen. Die Kürbiskerne und das mit Backpulver vermischte Mehl abwechselnd mit dem Schnee einarbeiten.

Die Masse in eine befettete und bemehlte Rehrückenform füllen. Bei 175 °C ca. 40 Minuten backen.

Zum Verfeinern kann man den ausgekühlten Kuchen mit Kürbismarmelade oder fein passierter Preiselbeermarmelade bestreichen und mit Schokoladeglasur überziehen. Eventuell mit Maisflakes bestreuen.

Müslitorte

120 g Müslimischung, fein und ohne Zucker
1/8 l Wasser
3 Eidotter
etwas abgeriebene Zitronenschale
6 Eiklar
100 g Vollzucker
140 g Weizen- oder Dinkelvollkornmehl
1 gestrichener TL Weinsteinbackpulver

Creme:
2 Becher Joghurt
4 EL Staubzucker
150 g Müsli Knusper-Schoko
2 mittelgroße geriebene Äpfel
Saft von 1/2 Zitrone
6 Blatt Gelatine
1/4 l Rahm

Rahm zum Bestreichen

Müslimischung mit kaltem Wasser bedecken und 1 Stunde quellen lassen. Dotter mit halber Zuckermenge und Zitronenschale schaumig rühren. Müslimischung einmengen. Vollkornmehl mit Backpulver mischen. Eiklar mit restlichem Zucker zu Schnee schlagen und abwechselnd mit dem Mehl in die Müslimasse einheben. Teig in eine Tortenform geben und bei 170 °C ca. 45 Minuten backen.

Für die Creme Joghurt, Staubzucker, Müsli, Äpfel und Zitronensaft vermengen, Gelatine auflösen und unter die Creme rühren, zuletzt den steifgeschlagenen Rahm unterziehen.

Torte einmal durchschneiden und den Boden mit Creme füllen, mit zweiter Tortenhälfte abdecken. Mindestens 2 Stunden kalt stellen.

Die Torte mit steifgeschlagenem Rahm einstreichen und mit zerkleinertem Müsli oder Sesamkräckern (s. Rezept auf Seite 61), Apfelspalten, Minz- oder Melissenblättern verzieren.

Sesamkräcker

120 g Sesam, geschält
120 g Kristallzucker
40 g Mehl
(1/2 griffig, 1/2 glatt)
80 g heiße Butter
Saft von 1 kleinen Orange

Alle Zutaten vermischen und einige Stunden stehen lassen. Mit zwei Teelöffeln ganz kleine Häufchen auf ein Backpapier geben und bei 180 °C hellbraun backen. Die Masse zerrinnt und es entstehen löchrige Kräcker. Mit einer Palette sofort vom Papier lösen und über einen runden Gegenstand legen (z.B. Nudelwalker mit Alufolie umwickelt oder kleine Holzrolle).

Tipp: *Nett verpackt ist das einmal ein besonderes Geschenk!*

Dinkelbiskotten

für ca. 50–60 Stück
(= 3 Backbleche)

5 Eidotter
50 g Staubzucker
1/2 TL Vanillezucker
5 Eiklar
70 g Kristallzucker
125 g Dinkelmehl
Staubzucker zum Bestreuen

Eidotter mit Staub- und Vanillezucker weiß und schaumig schlagen. Eiklar leicht zu schlagen beginnen, Kristallzucker einstreuen und zu Schnee ausschlagen. Beide Massen nur leicht miteinander vermengen, das Mehl dazusieben und vorsichtig unterheben. Mit einem Spritzsack mit glatter Tülle Biskotten auf ein mit Backpapier ausgelegtes Backblech spritzen, mit Staubzucker bestreuen und im vorgeheiztem Backrohr bei 200 °C backen (je nach Größe der Biskotten 5–8 Minuten. Backofentür einen kleinen Spalt offen lassen.

Tipp: *Zum Weiterverarbeiten für Torten und Nachspeisen oder einfach zum Naschen. Auf Vorrat in einer offenen Dose aufbewahren.*

Mokka-Malakoffschnitten

Biskuit:
5 Eier
180 g Kristallzucker
1 Prise Salz
180 g Mehl

Belag:
1 l Milch
ca. 3 EL Löskaffee
2 Pkg. Vanillepuddingpulver
80 g Zucker
8 Blatt Gelatine
1/2 l Rahm

1 1/2–2 Pkg. Biskotten
ca. 1/4 ausgekühlter Kaffee und etwas Rum zum Tränken
Kakaopulver zum Bestäuben

Eier mit Zucker und Salz flaumig rühren. Das Mehl leicht unterheben. Auf einem befetteten, bemehlten Backblech bei 175 °C ca. 20 Minuten backen und auskühlen lassen.

Kaffeepudding zubereiten und auskühlen lassen. Die aufgelöste Gelatine unterrühren und den geschlagenen Rahm unterheben. Puddingcreme auf den Biskuitboden (mit Kuchenformrand umstellen) streichen. Kaffeegetränkte Biskotten daraufgeben und mit restlicher Creme bestreichen. Kalt stellen, dann mit Kakaopulver bestäuben und nach Belieben mit Rahmrosetten, Kaffeebohnen, Kaffeeröllchen garnieren.

Tipp: *Dinkelbiskotten selber machen – s. Rezept auf Seite 61.*

Leichte Tiramisu-Torte

3 Eiklar
90 g Zucker
3 Eidotter
90 g Mehl
1 Prise Salz
2 EL Öl
1 EL Rum

Fülle:
750 g Topfen
250 g Joghurt
120 g Zucker
1 Pkg. Vanillezucker
Zitronensaft und -schale
6 Blatt Gelatine
1/4 l Rahm

2 Pkg. Biskotten (oder Dinkelbiskotten, s. Rezept auf S. 61)
etwas Milch und eventuell Rum zum Tränken

Eiklar mit Zucker und Salz steifschlagen. Dotter vorsichtig untermengen. Das Mehl mit Öl und Rum leicht unterheben. In eine Tortenform füllen und bei ca. 175 °C 15–20 Minuten backen. Auskühlen lassen.

Für die Fülle Topfen, Joghurt, Zucker, Vanillezucker und Zitrone verrühren. Eingeweichte Gelatineblätter auflösen und in die Topfenmasse einrühren. Den geschlagenen Rahm untermengen. Topfenmasse abwechselnd mit den in Milch getränkten Biskotten auf den Biskuitboden einfüllen. Mit Topfencreme abschließen und anschließend kühl stellen. Aus der Form nehmen und beliebig mit Früchten und Biskotten verzieren.

Tipps: *Der Tortenring kann vor dem Füllen mit Biskottenhälften umstellt werden. Himbeeren, Heidelbeeren oder Erdbeeren zwischen den Schichten einstreuen – das schmeckt sehr erfrischend.*

Nuss-Nougat-Torte

Nusstorte:
8 Eier
300 g Staubzucker
1/8 l Wasser
300 g Mehl
150 g geriebene Nüsse

Nougatcreme:
120 ml Milch
70 g Zucker
50 g Nougat
2 Eidotter
4 Blatt Gelatine
1/2 l Rahm

Marmelade zum Bestreichen
Schokoladeglasur
weiße Schokolade
Nusskrokant

Eier mit Zucker und Wasser sehr schaumig schlagen. Mehl und Nüsse vermengen und vorsichtig unter die Masse heben. In einer befetteten, bemehlten Tortenform bei 165 °C 50 Minuten backen.

Für die Nougatcreme Gelatineblätter in kaltem Wasser einweichen. Milch aufkochen und den Zucker dazugeben. Nougat einrühren und auflösen. Eidotter mit 3 EL Rahm verrühren und schnell in die Nougatmilch unterrühren. Gelatineblätter ausdrücken und dazugeben. Immer wieder umrühren und den geschlagenen Rahm dann in die kalte Nougatmasse unterheben.

Die Torte nach dem Auskühlen zweimal durchschneiden, mit Nougatcreme füllen und kühl stellen.

Mit Marillenmarmelade einstreichen und mit Schokoladeglasur überziehen.

Weiße Schokolade schmelzen, in eine Spritztüte mit winziger Öffnung füllen und Kreise (ca. 1–1,5 cm Abstand) auf die Torte aufspritzen. Mit einem Spieß werden die weißen Kreise von innen nach außen und von außen nach innen gezogen. Den Rand mit Nusskrokant bestreuen.

Sauerkrautkuchen

125 g Mehl
50 g Butter
Salz
200 g Topfen

Sauerkrautfülle:
500 g Sauerkraut
1/2 Zwiebel
50 g Speck
1/8 l Rahm oder
Sauerrahm
1 Ei
50 g Käse, gerieben
Salz, Pfeffer, Petersilie

Alle Zutaten rasch zu einem Topfenmürbteig verkneten und 1/2 Stunde kühl rasten lassen.

Für die Fülle klein geschnittene Zwiebel in etwas Butter anschwitzen, den Speck dazugeben. Das Sauerkraut beigeben und dünsten. Etwas überkühlen lassen. Rahm, Käse, Ei und Gewürze verrühren und zum Sauerkraut geben.

Den Teig für eine Tortenform ausrollen, am Rand etwas hochziehen und mit Sauerkraut füllen. Bei 170 °C ca. 40 Minuten backen.

Salzburg

Christina Huber stellt sich vor

Ich wurde als drittes Kind vom Katzlmooshof in St. Johann im Pongau geboren. Schon sehr früh entdeckte ich meine Leidenschaft fürs Backen. So durfte ich in einem der innovativsten Betriebe im Pongau meine Lehre zur Bäckerin und Konditorin absolvieren.
Durch meine eigene Kreativität habe ich im Laufe der Zeit auch Rezepte neu entwickelt und so abgeändert, dass auch schwierigere Mehlspeisen leicht nachzumachen sind.
Ich liebe es, hochwertige, erstklassige Rohprodukte zu verwenden, da dadurch Kuchen und Torten feiner und intensiver schmecken.
In meiner Freizeit fotografiere ich sehr gerne und entdecke immer wieder neue, interessante Motive.

Ich wünsche Ihnen gutes Gelingen beim Backen der oft erprobten Kuchenrezepte!

Rehrücken

3 Eier
100 g Zucker
100 g Butter
80 g geriebene Nüsse
70 g Mehl
etwas Backpulver
abgeriebene
Zitronenschale

Glasur:
250 g Kochschokolade
20 g Kokosfett

1/2 Pkg. Mandelstifte
Marillenmarmelade
zum Bestreichen

Eier, Zucker und Butter sehr schaumig schlagen. Mehl mit Backpulver versieben, Nüsse, abgeriebene Zitronenschale und Mehl unter die Masse heben. Eine Rehrückenform befetten und bemehlen, Teig in die Form streichen und bei 180 °C 40 Minuten backen.

Rehrücken aus der Form stürzen und auskühlen lassen. Dann in der Mitte auseinanderschneiden und mit Marmelade bestreichen. Kochschokolade und Kokosfett erwärmen, Kuchen damit glasieren und zum Schluss Mandelstifte in die Glasur stecken.

Tipp: *Die Glasur etwas überkühlen lassen, dann halten die Mandelstifte besser und die Glasur bricht nicht.*

Radio heu

Sonntag, 22. April 20

KRONEHIT

Wir sind die meiste Musik in
Kitzbühel: 102,9; Innsbruck 106,5; Oet
Landeck:107,6; Reutte:107,4

Chris Antonio hat für Dich
meiste Musik von Lady Gaga,
vielen mehr für Deinen Sonntag
Alle Infos auf www.kronehit

KRONEHIT

6.00 Dein Start in den Sonntag. Chris Antonio steht mit Dir auf und hat für Dich die meiste Musik – mit Garantie

10.00 Der Sonntag Vormittag mit Isabella Gräven. Die meiste Musik für Deinen entspannten Sonntag! Damit Du es Dir am Wochenende so richtig gemütlich machen kannst!

14.00 Durch den Sonntag Nachmittag mit Roman Neugebauer. Entspanne in den letzten Stunden Freizeit – mit den Tipps und Infos für Dein Wochenend-Finale!

18.00 Dein Sonntag Abend mit Christian Meder-

Ö R

6.04 Tirol: Tiroler Morgenweis'. (6.20) Morgengedanken, (7.30) Tirol aktuell, (7.45) Sport
Vbg: Morgengedanken

6.06 Vbg: Guten Morgen Vorarlberg. (6.30), (7.30) und (8.30) Radio Vorarlberg Landesrundschau mit Sport

8.04 Tirol: Nahaufnahme. (8.30) und (9.30) Tirol aktuell

9.04 Vbg: Einfach klassisch

10.00 Katholischer Gottesdienst

11.04 Tirol: Frühschoppen
Vbg: „Ansichten"

12.00 Mittagsglocken

12.02 Mittagsjournal

12.07 Tirol: Mahlzeit mit Radio Tirol. (12.30) Mittagsinformation
Vbg: Der Radio Vorarl-

Ö 1

6.05 Gute
6.55 Zwi
7.05 Erfü
Leb
ben
8.00 Mor
8.10 Öste
8.15 Du h
9.05 Café
10.05 Am
11.03 Ma
11.50 (in d
zo –
Küns
12.10 Matir
12.56 Ö1 he
13.00 Sonn
13.10 geh
Qu
14.05 M

3D, ab 10
ab 12
ab 12
ab 14
G?, ab 14
lexx.at
6
x.at
4
ab 12
6
6

Mein Lieblingsrezept

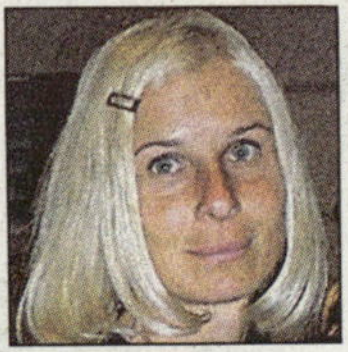

eingesendet von Frau
Franziska Haselwanter
6401 Inzing

Kuchen mit Sauerkirschen

Zutaten: 5 Eier, 25 dag Zucker, 25 dag Mehl, ⅛ l Öl, ⅛ l Wasser, 3 El Kakaopulver, ½ Pkg. Backpulver, 1 Glas Sauerkirschen. Creme: 1 Becher Schlagobers, 1 Becher Sauerrahm, etwas Zucker, Kakaopulver zum Bestreuen.

Zubereitung: Eier trennen. Eiklar zu Schnee schlagen. Dotter mit warmem Wasser aufschlagen und Zucker dazugeben. Schaumig rühren. Öl langsam eintropfen und unterrühren. Mehl, Kakao und Backpulver dazugeben und den Eischnee unterheben. Masse auf einem mit Backpapier ausgelegten Backblech verteilen und die abgetropften Kirschen darauf verteilen. Bei 170 Grad Heißluft ca. 30 bis 45 Minuten backen. Für die Creme Schlagobers aufschlagen, mit Sauerrahm und etwas Zucker verrühren. Auf den ausgekühlten Kuchen streichen und mit Kakao bestreuen.

Topfenkringel

200 g Mehl
1/2 Pkg. Trockengerm
100 g Zucker
150 ml Schlagobers
2 Eier
100 g Topfen
Salz

Ein Donuts-Blech gut einfetten. Mehl mit Germ verrühren, salzen. Schlagobers erwärmen. Eier, Zucker, Schlagobers und Topfen unter das Mehl kneten. Teig ca. 25 Minuten gehen lassen.

Teig mit einem Dressiersack gut halbvoll in die Formen füllen und bei 180 °C Heißluft 25 Minuten backen. Gleich stürzen und abkühlen lassen.

Tipp: *Die Donuts nach dem Abkühlen mit Zuckerglasur, evtl. mit rotem Fruchtsaft gefärbt, bestreichen.*

Becherkuchen

1 Becher Joghurt (125 g)
2 Eier
1 Becher Öl mit Buttergeschmack
2 Becher Zucker
3 Becher Mehl
1/2 Pkg. Backpulver
1 Pkg. Vanillezucker

2 Becher gehobelte Mandeln
1 Becher Zucker
125 g Butter

Eier, Zucker, Vanillezucker und Öl schaumig rühren, Joghurt einrühren. Mehl mit Backpulver versieben und unter die Ölmasse heben.

Teig auf ein befettetes, bemehltes Blech streichen und bei 180 °C 10 Minuten vorbacken.

Währenddessen Butter in einem Topf zerlassen, Mandeln und Zucker dazugeben und unter Rühren rösten. Mandelmasse auf den vorgebackenen Teig streichen und weitere 20 Minuten backen.

Mandelschnitten

300 g Mehl
200 g Butter
100 g Staubzucker
2 Eidotter
1/2 Pkg. Backpulver

Belag:
200 g geriebene Mandeln
100 g Staubzucker
40 g Rosinen
2 EL Milch

Marillenmarmelade zum Bestreichen

Mehl mit Backpulver versieben. Butter in kleine Stücke teilen und mit dem Mehl verbröseln. In das Mehl eine Mulde drücken, Dotter hineingeben und gemeinsam mit dem Zucker alles zu einem geschmeidigen Teig verarbeiten. Mürbteig ca. 1/2 Stunde kühl rasten lassen.

Für den Belag Mandeln, Staubzucker, Rosinen und Milch vermischen.

Zwei Drittel des Teiges auf einem befetteten Backblech ausrollen und mit Belag bestreichen.

Restlichen Teig dünn ausrollen und über den Belag legen. Bei 180 °C 35 Minuten backen.

Marillenmarmelade erwärmen und den Kuchen damit bestreichen.

Steppdeckenschnitten

5 Eier
350 g Zucker
1/8 l Öl
1/8 l Wasser
350 g Mehl
1/2 Pkg. Backpulver

Topfenmasse:
500 g Topfen
2 Eidotter
4 EL Zucker
2 Eiklar

Zucker und ganze Eier schaumig schlagen, abwechselnd Öl und Wasser gut einrühren. Mehl mit Backpulver versieben und unterheben. Backblech befetten und bemehlen und die Masse aufstreichen.

Topfen, Dotter und Zucker schaumig rühren, Eiklar zu steifem Schnee schlagen und vorsichtig unter die Topfenmasse heben. Topfenmasse mit dem Dressiersack gitterförmig über den Teig spritzen. Bei 180 °C 45 Minuten backen.

Karottenkuchen

6 Eier, getrennt
200 g Zucker
200 g Butter
400 g Karotten
500 g Mehl
1 Pkg. Backpulver

500 ml Schlagobers
Deko-Marzipankarotten
evtl. Schokostreusel
zum Bestreuen

Karotten schälen und fein reiben.

Eiklar zu steifem Schnee schlagen. Butter, Dotter und Zucker flaumig rühren. Mehl mit Backpulver versieben, alle Zutaten zusammenmischen. Teig auf ein befettetes und bemehltes Blech streichen und bei 180 °C 25 Minuten backen.

Nach dem Erkalten mit geschlagenem Obers, Deko-Marzipankarotten und evtl. Schokostreuseln verzieren.

Erdbeertascherl

150 g Mehl
150 g Feinkristallzucker
150 g Butter
4 Eier, getrennt
1 Pkg. Vanillezucker
1/2 Pkg. Backpulver

Fülle:
250 g Erdbeeren
250 Topfen
1 EL Sauerrahm
50 g Zucker
1 Pkg. Tortengeleepulver

Eiklar mit Vanillezucker steif aufschlagen. Zucker, Butter und Dotter abtreiben. Mehl mit Backpulver versieben und alle Zutaten zusammenmischen. Blech befetten und bemehlen, Masse aufstreichen und bei 190 °C 15 Minuten backen.

Kreise von 12 cm Durchmesser ausstechen. Die noch warmen Biskuitkreise übereinanderklappen, seitlich unter ein Nudelholz stecken.

Für die Fülle Topfen mit Zucker und Sauerrahm verrühren, die gewaschenen, geputzten Erdbeeren klein schneiden und unter den Topfen rühren. Mit einem Dressiersack mit großer Tülle die ausgekühlten Tascherl damit füllen.

Fruchtiger Herbstkuchen

2 Eidotter
400 g Butter
200 g Zucker
600 g Mehl
1 Pkg. Backpulver
250 g Zwetschken
250 g Äpfel
250 g Birnen
Zimt und Zucker (Menge je nach Süße des Obstes)
1 EL Marillenmarmelade
1 EL Milch

Zwetschken entsteinen und halbieren, Äpfel und Birnen schälen, entkernen und in Spalten schneiden. Obst mit Zimt und Zucker marinieren.

Mehl mit Backpulver versieben, Butter, Dotter und Zucker einkneten. Mürbteig ca. 1/2 Stunde kühl rasten lassen.

Zwei Drittel des Teiges auf Backpapier in die Größe des Blechs ausrollen und auf das Kuchenblech legen. Obst auf dem Teig verteilen. Restlichen Teig ausrollen und Streifen abradeln, gitterförmig auf dem Kuchen verteilen. Bei 180 °C 45 Minuten backen.

Marillenmarmelade mit Milch verrühren und den noch warmen Kuchen damit bestreichen.

Tipp: *50 g geriebene Haselnüsse unter das Obst mischen.*

Birnen-Schoko-Kuchen

4 Eier
200 g Butter
180 g Zucker
200 g Mehl
1/2 Pkg. Backpulver
1 Glas gekochte Birnen (750 ml)
120 g Schokolade

Schokolade fein hacken, Birnen in kleine Stücke schneiden.

Butter flaumig rühren, nach und nach Eier und Zucker dazurühren. Mehl mit Backpulver versieben, Buttermasse, Mehl und Schokolade zusammenmischen.

Tortenform befetten und bemehlen, Teig einfüllen, Birnenstücke darauf verteilen und bei 175 °C 45 Minuten backen.

Schwarzwälder Kirschschnitten

6 Eier, getrennt
250 g Staubzucker
1/8 l Wasser
1/8 l Öl
240 g Mehl
1/2 Pkg. Backpulver
3 EL Kakao

Für die Creme bzw. zum Verzieren:
1 Glas Kompottkirschen (750 ml)
500 ml Schlagobers
2 Pkg. Sahnesteif
50 g Zucker
kandierte Kirschen
Schokoflocken

Eiklar zu steifem Schnee schlagen. Dotter, Zucker, Öl und Wasser schaumig aufschlagen. Mehl mit Kakao und Backpulver vermischen und alle Zutaten vorsichtig zusammenmischen. Backblech befetten und bemehlen und bei 180 °C 35 Minuten backen.

Ausgekühlten Kuchen in drei gleich große Teile schneiden.

Für die Creme Schlagobers mit Sahnesteif aufschlagen, Zucker unterheben. Kirschen gut abtropfen lassen, den Kuchen mit Kirschensaft beträufeln.

Kirschen auf zwei Böden verteilen, mit zwei Drittel des Schlagobers bestreichen, die drei Böden aufeinandersetzen.

Den Kuchen rundherum mit Schlagobers einstreichen, restliches Schlagobers in einen Dressiersack füllen und die Oberfläche damit verzieren. Kandierte Kirschen daraufsetzen und Schokoflocken dazwischen aufstreuen.

Nussgugelhupf für Freunde

3 Eier
100 g Zucker
100 g Butter
100 g Nüsse
60 g Mehl
etwas Backpulver
60 g Schokoraspel
abgeriebene Zitronenschale

Eiklar zu steifem Schnee schlagen. Butter, Zucker und Dotter flaumig rühren, Nüsse unter die Dottermasse rühren, Eischnee und Schokoraspel unterheben. Mehl mit Backpulver versieben und unter die Masse heben.

Masse in 6 Mini-Gugelhupfbackförmchen streichen und bei 180 °C 35–40 Minuten backen.

Tipp: *Silikonbackförmchen eignen sich sehr gut.*

Leopoldischnitten

9 Eier, getrennt
225 Zucker
225 Mehl
2 EL warmes Wasser
1 EL Kakao
1/2 Pkg. Backpulver

Belag:
250 ml Schlagobers
250 ml Crème fraîche
300 g frische Himbeeren

Schokoflocken
zum Bestreuen

Eiklar zu steifem Schnee schlagen. Dotter mit Zucker und warmem Wasser schaumig rühren, Mehl, Kakao und Backpulver versieben, alle Zutaten zusammenmischen.

Backblech befetten und bemehlen, Teig aufstreichen und bei 190 °C 15–20 Minuten backen.

Für den Belag Schlagobers steifschlagen, mit Crème fraîche verrühren und Himbeeren unterheben.

Creme auf dem ausgekühlten Biskuitboden verteilen und dicht mit Schokoflocken bestreuen.

Tipp: *Bei Verwendung von tiefgekühlten Himbeeren geben Sie am besten noch etwas aufgelöste Gelatine unter die Creme, damit sie nicht zu flüssig wird. Vor dem Servieren kühl stellen.*

Pfirsich-Topfen-Torte

4 Eier, getrennt
80 g Butter
170 g Zucker
160 g Mehl
1/2 Pkg. Backpulver
1 EL warmes Wasser

Creme:
500 g Topfen
250 ml Schlagobers
80 g Zucker
6 Blatt Gelatine
1 Dose kleine Pfirsichhälften

Staubzucker zum Bestreuen

Eiklar zu steifem Schnee schlagen. Butter, Zucker, warmes Wasser und Dotter flaumig abtreiben. Mehl mit Backpulver versieben und alle Zutaten vorsichtig zusammenmischen.

Teig in eine befettete Springform streichen und bei 180 °C ca. 35 Minuten backen (Nadelprobe). Stürzen und auskühlen lassen.

Für die Creme Schlagobers steifschlagen, Topfen kurz verrühren, Schlagobers und Zucker unterheben. Gelatine auflösen, ausdrücken und unter die Topfenmasse rühren.

Torte einmal auseinanderschneiden, Tortenboden wieder in die Springform geben, Pfirsiche auf dem Tortenboden verteilen, Topfenmasse darüberstreichen. Mit dem Tortendeckel abschließen und kühl stellen.

Vor dem Servieren Torte mit Staubzucker bestreuen.

Geburtstagstorte

200 g Butter
140 g Staubzucker
8 Eier, getrennt
140 g Zucker
180 g Mehl
1/2 Pkg. Backpulver

Glasur und Deko:
100 g Kochschokolade
1 TL Butter
300 g Zucker
125 ml Wasser
125 ml Schlagobers
Geburtstagsdeko
Smarties

Marillenmarmelade
zum Bestreichen

Eiklar zu steifem Schnee schlagen, Zucker langsam einschlagen.

Butter mit Dottern und gesiebtem Staubzucker flaumig rühren. Mehl mit Backpulver vermischen und abwechselnd mit dem Eischnee in die Dottermasse unterheben.

Eine Tortenform befetten und bemehlen, Teig einfüllen und bei 175 °C 50 Minuten backen.

Nach dem Auskühlen Torte in der Mitte auseinanderschneiden, mit Marillenmarmelade füllen und außen bestreichen.

Für die Glasur Butter und Kochschokolade erwärmen. Zucker mit Wasser bis zum Faden aufkochen (die Mischung hat die richtige Konsistenz, wenn man etwas Glasur zwischen Zeigefinger und Daumen nimmt und auseinanderzieht – es muss sich ein Faden bilden). Erwärmte Schokolade und Zuckerglasur zusammenrühren, Torte damit glasieren und auskühlen lassen.

Schlagobers schlagen und aufdressieren, mit Smarties und Geburtstagsdeko verzieren.

Zweierlei Sandkuchen

280 Butter
200 g Zucker
6 Eier
200 g Mehl
100 g Maizena
1/2 Pkg. Backpulver
2 EL Kakao

Zwei Sandkuchen- oder Kastenformen befetten und bemehlen.

Zucker und Butter sehr flaumig rühren, nach und nach Eier einrühren. Mehl mit Maizena und Backpulver vermischen und unter die Schaummasse rühren.

Die Hälfte des Teiges in eine Form einfüllen. Die zweite Teighälfte nochmals in zwei Teile teilen, einen Teil des Teiges mit Kakao verrühren. Teigmassen abwechselnd in die Form streichen.

Bei 175 °C ca. 50 Minuten backen.

Kardinalschnitten

Biskuitmasse:
2 Eidotter
1 Ei
50 g Staubzucker
50 g Mehl

Baisermasse:
2 Eiklar
125 g Zucker

Fülle:
500 ml Schlagobers
2 Pkg. Cappuccinopulver
1 Pkg. Sahnesteif

Für den Biskuit Dotter und Eier schaumig schlagen, Staubzucker dazugeben und weiterschlagen, das Mehl vorsichtig unterheben.

Für das Baiser Eiklar zu steifem Schnee schlagen, am Schluss Zucker kurz mitrühren.

Backblech mit Backpapier belegen. Biskuitmasse in einen Spritzsack füllen und mit 2 cm Abstand 6 Streifen quer aufs Blech dressieren. In jeden zweiten Zwischenraum Baisermasse dressieren (wiederum mit Spritzsack). Auf diese Weise entstehen drei Böden. Bei 160 °C 25 Minuten backen, danach auskühlen lassen.

Für die Fülle Schlagobers mit Sahnesteif aufschlagen, Cappuccinopulver unterrühren. Die Hälfte der Fülle auf einen Boden aufstreichen, den zweiten Boden darauflegen und die restliche Fülle aufstreichen. Mit dem dritten Teil abschließen. Ca. 1–2 Stunden kühl stellen.

Vor dem Servieren evtl. mit Staubzucker bestreuen.

Tipp: *Wenn etwas Baisermasse übrig bleibt, Windringe aufdressieren; bleibt etwas vom Biskuit, Biskotten dressieren.*

Kohltorte mit Faschiertem

200 g Dinkelmehl
1 Ei
125 g Butter
2 EL Wasser
Salz

250 g Kohl
250 Faschiertes
1 Zwiebel
2 EL Öl
Salz und Pfeffer
Kümmel
400 g Tomaten
3 Eier
250 ml Schlagobers
70 g Gouda
gehackte Petersilie

Aus Mehl, Butter, Ei, Wasser und Salz einen Mürbteig abkneten, zugedeckt 20 Minuten rasten lassen.

Zwiebel schälen und hacken. Kohl putzen und in feine Streifen schneiden. Faschiertes und gehackte Zwiebel in Öl gut anrösten. Kohl dazugeben, kurz mitrösten und mit Kümmel, Salz und Pfeffer abschmecken.

Tortenform befetten und bemehlen. Teig etwas größer als die Größe des Tortenbodens ausrollen, in die Form drücken und an den Rändern hochziehen.

Die Kohlmasse auf dem Teig verteilen. Tomaten in Scheiben schneiden und darauflegen.

Schlagobers mit Eiern, Gouda und Petersilie verrühren, salzen und pfeffern, über die Torte gießen. Bei 190 °C 40–50 Minuten backen.

Pikanter Gugelhupf

500 g Mehl
1 Pkg. Trockengerm
250 ml Milch
50 g Butter
1 Eidotter
Salz
125 g Speck
200 g geriebener Gouda
gehackte Petersilie
Öl

Speck in kleine Würfel schneiden, in heißem Öl rösten.

Mehl mit Germ verrühren. Butter zerlassen und mit Milch aufgießen. Mehl mit Milchmischung, Dotter und Salz verkneten. Speck, Gouda und Petersilie unter den Teig kneten. Teig 30 Minuten zugedeckt gehen lassen.

Gugelhupfform befetten und bemehlen. Teig zu einer Rolle formen und in die Form drücken, nochmals 30 Minuten gehen lassen.

Bei 180 °C 45 Minuten backen.

Brennnesseltorte

200 g Dinkelmehl
125 g Butter
1 Ei
2 EL Wasser
Salz

300 g feine Brennnesselspitzen
1 Handvoll Bärlauch
1/2 Zwiebel
1 EL Öl
3 Eier
200 ml Sauerrahm
Salz

Aus Dinkelmehl, Butter, Ei, Wasser und Salz einen Mürbteig abkneten, 20 Minuten zugedeckt rasten lassen.

Zwiebel schälen und hacken, in Öl anrösten. Brennnesselspitzen und Bärlauch putzen und hacken.

Teig etwas größer als die Größe des Tortenbodens ausrollen, Form befetten und bemehlen, Teig in die Form drücken und an den Rändern hochziehen.

Brennnesselspitzen, Bärlauch und Zwiebel vermischen und auf dem Teig verteilen. Eier, Sauerrahm und Salz verquirlen und auf der Torte verteilen.

Bei 190 °C 40–45 Minuten backen.

Oberösterreich

Elisabeth Streicher stellt sich vor

Kuchenbacken ist wie Meditation für mich!

Ich bin in Schönering als drittes Kind geboren. Am Bauernhof aufgewachsen, dachte ich mir als Kind immer: „Nein, Bäuerin möchte ich keine sein.“ Doch das Leben bringt ja immer Überraschungen mit sich.
Heute mit 50 Jahren bin ich stolz darauf, Bäuerin zu sein, es ist ein schöner Beruf mit vielen Möglichkeiten, seine Kreativität auszuleben.
Mein erlernter Beruf ist Einzelhandelskauffrau. 1978 habe ich meinen Gatten Josef, der Küchenchef von Beruf ist, geheiratet. Mein größter Stolz sind unsere beiden Kinder Andrea und Harald.
Die Ausbildung zur Seminarbäuerin hat mein Leben sehr geprägt. So habe ich die Möglichkeit, unsere Bäuerinnen und Bauern mit ihren Produkten immer wieder bei den KonsumentInnen zu präsentieren.
Ich backe selber sehr gerne und kann diese Begeisterung bei meinen Kochkursen an die TeilnehmerInnen toll weitergeben, ganz nach dem althergebrachten Motto: „Nua wannst was guats eini tuast, kimmt a was guats aussa“.
Als Ausgleich zu meinen Tätigkeiten liebe ich das Nordic Walking. Die Kilos purzeln und der Kopf wird wieder frei für neue Kreationen.

Ich freue mich, wenn Sie Ihre Familie und Ihre Gäste mit meinen Rezepten in die süße Welt des Kuchenbackens entführen. Viel Spaß beim Backen!

Topfengitterkuchen

5 Eier
100 g Öl
150 g lauwarmes Wasser
320 g Zucker
320 g griffiges Mehl
1/2 Pkg. Backpulver

Creme:
2 Eier
100 g Zucker
500 g Topfen
2 Pkg. Vanillezucker

Eier trennen. Dotter, Öl, Wasser und Zucker schaumig rühren. Mehl und Backpulver versieben und unterheben. Zuletzt den Eischnee unterziehen. Teig auf das Backblech streichen.

Für die Creme die Eier trennen. Dotter, Zucker, Topfen und Vanillezucker verrühren, Eischnee unterheben.

Creme gitterförmig auf den Teig spritzen und den Kuchen bei 180 °C Ober- und Unterhitze ca. 40 Minuten backen.

Besoffene Kapuziner

5 Eier
150 g Feinkristallzucker
1 Prise Salz
60 g geriebene Nüsse
170 g glattes Mehl
3 EL Wasser

„Besuff":
500 ml Wein oder Most
70–100 g Zucker
500 ml Apfelsaft
2 EL Zitronensaft
4 cl Rum

Schlagobers zum Garnieren

Eier mit Zucker, Salz und Wasser schaumig schlagen. Nüsse und Mehl unterheben. Die Masse in 12 Muffinformen füllen.

Im vorgeheizten Backrohr bei ca. 165 °C Ober- und Unterhitze ca. 25 Minuten backen. Auskühlen lassen.

Für den „Besuff" alle Zutaten außer Rum aufkochen lassen. Vom Feuer nehmen, Rum zugießen und die Kapuziner damit gut beträufeln. Mit Schlagobers garnieren.

Tipps: *Mit dem „Besuff" nicht sparen. Die Kapuziner kann man gut einfrieren.*

Schnelle Biskuitroulade

4 große Eier
150 g Feinkristallzucker
120 g glattes Mehl
1 EL Öl
1 Pkg. Vanillezucker

Fülle:
150 g Marillen-marmelade
2 cl Rum

Staubzucker zum Bestreuen

Eier mit Zucker und Vanillezucker sehr schaumig schlagen. Öl einrühren und das gesiebte Mehl unterheben. Den Teig auf ein mit Backpapier ausgelegtes Blech streichen. Im vorgeheizten Backrohr bei 190 °C Ober- und Unterhitze ca. 12 Minuten hellbraun backen.

Die Roulade auf Backpapier stürzen, das am Biskuit haftende Backpapier ablösen und einrollen. Auskühlen lassen.

Roulade aufrollen und mit Marillenmarmelade, verrührt mit Rum, bestreichen, wieder einrollen. Mit Staubzucker bestreuen.

Obstschnitten

Mürbteig:
150 g Mehl
1 Prise Salz
50 g Zucker
100 g Butter
1 Eidotter

Biskuit:
5 Eier
100 g Zucker
40 g Maizena
80 g Mehl

Belag:
Ribiselmarmelade
1/4 l Schlagobers
2 EL Zucker
1 Pkg. Vanillezucker
1 Pkg. Sahnesteif
1/4 l Sauerrahm
1 Glas Fruchtikus Tropic
500–700 g Obst
(z.B. Bananenscheiben,
Weintrauben,
Pfirsichspalten)
1/4 l Apfelsaft
1 Pkg. Tortengelee

Für den Mürbteig alle Zutaten gut verkneten, zu einem Rechteck (13 x 20 cm) ausrollen und auf einem Backblech 10 Minuten backen.

Für den Biskuit die ganzen Eier mit dem Zucker gut schaumig schlagen, Mehl mit Maizena mischen, sieben und unterheben. Biskuit auf ein Backpapier streichen und bei 180 °C ca. 12 Minuten backen. Einrollen, ausgekühlt mit Marmelade bestreichen, wieder einrollen und in Scheiben schneiden.

Mürbteig mit Ribiselmarmelade bestreichen und mit Rouladenscheiben belegen.

Obers mit Zucker und Vanillezucker steifschlagen, Sahnesteif, Sauerrahm sowie Fruchtikus unterheben und auf die Rouladenscheiben streichen, mit Obst belegen. Kalt stellen.

Tortengelee mit Apfelsaft gut aufkochen und über die Früchte gießen.

Zebrakuchen mit Erdbeeren

4 Eier
150 g Zucker
1 Pkg. Vanillezucker
100 g Mehl
100 g Maizena
2 TL Backpulver
1 TL Kakaopulver

100 g Erdbeermarmelade
50 g Mandelblättchen
1 kg Erdbeeren
1 Pkg. Tortenguss
1/4 l Apfelsaft

Eier, Zucker, Vanillezucker schaumig schlagen. Mehl mit Maizena und Backpulver mischen, auf den Eischaum sieben und unterheben.

Teig in zwei Portionen teilen, in einen Teil den gesiebten Kakao unterrühren.

In eine Tortenform (26 cm Durchmesser) 1 EL dunklen Teig in die Formmitte geben. Nun abwechselnd je 1 EL hellen und 1 EL dunklen Teig immer auf die Mitte geben, bis die Teigportionen aufgebraucht sind.

Im vorgeheizten Backrohr bei 180 °C Ober- und Unterhitze ca. 40 Minuten backen. Anschließend erkalten lassen.

Den Kuchen rundum mit der Erdbeermarmelade bestreichen. Den Rand mit Mandelblättchen bestreuen. Die Erdbeeren waschen, putzen und gut abtropfen lassen. Den Kuchen mit den Früchten belegen. Den Tortenguss nach Anleitung zubereiten und die Erdbeeren damit überziehen.

Amaretto-Torte

Biskuit:
4 Eier
80 g Zucker
120 g Mehl

Fülle:
2 Schlagobers
2 Sahnesteif
2 EL Zucker
1 Schuss Amaretto

Amaretto zum Beträufeln
Marillenmarmelade
100 g farbiges Marzipan
Marzipanblumen als Dekor

Eier mit Zucker schaumig schlagen, Mehl sieben und unterheben. In eine mit Backpapier ausgelegte Tortenform (28 cm Durchmesser) füllen und bei 180 °C Ober- und Unterhitze ca. 18 Minuten backen.

Erkalteten Boden mit Amaretto beträufeln und mit Marmelade bestreichen.

Obers steifschlagen, Sahnesteif, Zucker und Amaretto unterheben. Die Creme auf die Torte streichen.

Aus dem Marzipan eine dünne Platte (so groß wie die Torte) ausrollen und auf die Torte legen. Mit Marzipanblumen verzieren.

Tipp: *Marzipan immer erst am Tag des Verzehrs auf die Torte geben, da sich sonst das Marzipan auflöst.*

Leckere Brownies

150 g Zartbitterkuvertüre
100 g Butter
6 Eier, getrennt
100 g Zucker
200 g Nüsse
150 g Mehl
1 Pkg. Backpulver
1 Prise Salz
1 TL Lebkuchengewürz
1 EL Rum

Glasur:
100 g Kuvertüre
75 g weiße Kuvertüre
Marmelade zum Bestreichen

Eiklar mit 50 g Zucker schaumig schlagen. Kuvertüre und Butter im Wasserbad schmelzen und mit den Dottern und 50 g Zucker verrühren. Mehl, Salz, Nüsse, Lebkuchengewürz, Backpulver dazugeben. Den Schnee unter die Schokomasse heben.

Auf ein mit Backpapier ausgelegtes Backblech streichen und ca. 30 Minuten bei 180 °C Ober- und Unterhitze backen.

Nach dem Auskühlen mit Marmelade bestreichen. Den Kuchen mit Kuvertüre überziehen, in 4 x 4 cm große Quadrate schneiden (Messer immer wieder in heißes Wasser tauchen). Mit weißer Schokolade die Brownies verzieren.

Tipp: *Mit Kindern lustig als Törtchen verzieren.*

Rotweinschnitten

200 g Butter
200 g Zucker
4 Eier, getrennt
150 g Schokolade
1 Pkg. Vanillezucker
1 TL Zimt
1 TL Kakao
1/4 l Rotwein
250 g Mehl
Punschglasur

Butter, Zucker und Eidotter schaumig rühren, erweichte Schokolade, die Gewürze, den Rotwein und die Hälfte des Mehls untermengen. Zum Schluss das restliche Mehl und den steifen Schnee unterheben. Auf einem mit Backpapier ausgelegten Blech bei 180 °C ca. 20 Minuten backen.

Nach dem Auskühlen mit einer Punschglasur überziehen und eventuell mit gehackten Mandeln bestreuen.

Gewürzkuchen

250 g Mehl
1 Pkg. Lebkuchengewürz
1 Pkg. Backpulver
170 g Zucker
1 Pkg. Bourbon-Vanillezucker
2 EL Kakao
1/8 l Öl
4 Eier
Marillenmarmelade zum Bestreichen
Schokoladeglasur

Eier mit Zucker und Vanillezucker dick schaumig schlagen. Mehl mit Backpulver, Lebkuchengewürz und Kakao vermischen und mit dem Öl zur Eiermasse rühren. Den Teig in eine Kuchenform füllen.

Bei 175 °C ca. 40 Minuten backen. Nach dem Erkalten mit Marillenmarmelade bestreichen und mit Schokoladeglasur überziehen und nach Belieben verzieren.

Löwentorte

4 Eier
80 g Zucker
120 g Mehl

Belag:
3 Bananen
2 TL Marillenmarmelade
1 Pkg. Tortengelee
1/4 l Apfelsaft
2 Becher Schlagobers
2 EL Zucker
1 EL Vanille-puddingpulver
Schokoglasur

Nusskrokant:
120 g Zucker
120 g gehackte Walnüsse

Eier mit Zucker schaumig schlagen, Mehl sieben und unterheben. Eine Tortenform befetten und bemehlen und Biskuit bei 180 °C ca. 20 Minuten backen (Nadelprobe), auskühlen.

Bananen schälen und in ca. 1 cm dicke Scheiben schneiden. Den Tortenboden mit Marillenmarmelade bestreichen und mit den Bananenscheiben belegen.

Nun das Tortengelee nach Packungsanleitung mit dem Apfelsaft statt wie üblich mit Wasser zubereiten und die Bananenscheiben damit bedecken.
Die Torte ruhen lassen, bis der Guss fest geworden ist.

Das Obers mit Zucker steifschlagen und mit Puddingpulver vermengen, die Creme auf die Torte streichen.

Für das Nusskrokant Zucker karamellisieren lassen, Walnüsse unterrühren und sofort auf das Backpapier streichen (Vorsicht: sehr heiß!). Auskühlen lassen und zerkleinern.

Außen einen breiten Rand mit Krokant streuen und in die Mitte der Torte mit Schokoglasur das Löwengesicht spritzen.

Linzer Torte

280 g Mehl
280 g Butter
280 g geriebene Nüsse
200 g Staubzucker
2 Eidotter
1 Ei
1 P Vanillezucker
2 TL Weinsteinbackpulver
2 TL Lebkuchengewürz

Ribiselmarmelade
zum Bestreichen
evtl. etwas Rum

Mehl und kalte Butter rasch verkneten. Von einem Dotter ca. ein Drittel weggeben und dann die übrigen Zutaten beimischen.

Zwei Drittel des Teiges in der Größe der Tortenform (28 cm Durchmesser) ausrollen. Die Ribiselmarmelade evtl. mit etwas Rum geschmeidig rühren und auf der Oberfläche der Teigplatte verteilen, dabei ca. 1 cm Rand lassen. Aus dem übrigen Teig ca. Bleistift-dicke Rollen formen und als Gitter über die Marmelade legen. Außen mit einer etwas dickeren Rolle abschließen. Den Teig mit dem verquirlten Eidotter bestreichen.

Die Torte auf dem zweiten Einschub bei 150–170 °C Heißluft 40–50 Minuten backen.

Buchteln

500 g glattes Mehl
125 g zerlassene Butter
1/2 Pkg. frischer Germ
60 g Zucker
2 Eier
1 Dotter
etwas Zitronenschale
1 Pkg. Vanillezucker
ca. 1/4 l Milch
zerlassene Butter zum Eintauchen der Buchteln
feste Marillenmarmelade zum Füllen

Vanillesauce:
1/2 l Milch
1/2 Vanilleschote
2 Dotter
100 g Zucker
20 g Maizena

Mehl in eine Schüssel wiegen, Zitronenschale dazugeben.

Zucker, Vanillezucker, zerlassene Butter, Eier, Milch und den Germ in einer Rührschüssel gut verrühren und über das Mehl gießen. Zu einem mittelfesten Germteig verarbeiten und zugedeckt zum doppelten Volumen aufgehen lassen. Den Teig nochmals zusammenschlagen und gehen lassen.

Aus dem Germteig 10 gleich große Stücke (ca. 100 g) abstechen. Die Teigstückchen auseinanderziehen und mit Marmelade füllen. Zu Buchteln formen, in zerlassene Butter tauchen und nebeneinander mit der Naht nach unten in eine Form setzen. Ca. 1/2 Stunde zugedeckt gehen lassen.

Bei 180 °C Ober- und Unterhitze ca. 40–50 Minuten backen.

Für die Vanillesauce Milch mit ausgeschabter Vanilleschote zum Kochen bringen. Dotter mit Zucker und Maizena in einem Häferl verrühren und in die heiße, aber nicht kochende Milch einrühren. Bis zum Servieren immer wieder leicht durchrühren.

Buchteln anzuckern und mit Vanillesauce servieren.

Tipp: *Buchteln schmecken auch noch kalt sehr gut zu einer Tasse Tee oder Kaffee.*

Kaffee-Maus

200 g Staubzucker
2 TL Vanillezucker
6 Eier, getrennt
200 g Mehl
2 TL Backpulver
100 g geriebene Nüsse
80 g Semmelbrösel
1/4 l Kaffee
Marmelade
Kuvertüre

Zum Ausgarnieren:
2 Toffifee (Augen)
2 Prinzenrollen (Ohren)
1 Rumkugel (Nase)
Spaghetti (Bart)
Marzipan für den Schwanz

Dotter und Zucker schaumig rühren. Mehl, Backpulver, Nüsse und Brösel mischen, mit dem Kaffee zur schaumigen Masse geben. Zuletzt den Eischnee unterheben.

Bei 170 °C 35–40 Minuten auf einem Blech (ca. 25 Minuten) backen, auskühlen lassen.

Aus dem Nussbiskuit zweimal die Form einer Maus ausschneiden. Einen Teil mit Marmelade bestreichen, den zweiten Teil auflegen.

Außen mit Marmelade bestreichen und mit Kuvertüre überziehen und als Maus garnieren.

Preiselbeer-Eierlikör-Torte

5 Eier
100 g Zucker
40 g Maizena
80 g Mehl

Fülle:
200 g Preiselbeer-marmelade
1 l Schlagobers
4 EL Zucker
4 EL Vanille-puddingpulver
5 EL Eierlikör

Belag für den Tortendeckel:
Marillenmarmelade
Krokant

Spiegel:
gut 1/8 l Eierlikör
1/2 TL Vanille-puddingpulver

Für den Biskuit die ganzen Eier und Zucker dick schaumig schlagen, Mehl und Maizena unterheben. Biskuit in einer Tortenform ca. 35 Minuten bei 180 °C backen (Nadelprobe).

Nach dem Erkalten die Torte zweimal durchschneiden.

Den Deckel mit heißer Marillenmarmelade bestreichen und mit Krokant bestreuen, antrocknen lassen. Mit Hilfe eines Tortenteilers in 16 Stücke schneiden. Beiseite legen.

Tortenboden mit Preiselbeermarmelade bestreichen. Obers mit Zucker steifschlagen, Eierlikör sowie Puddingpulver unterheben.

Ein Drittel dieser Fülle auf die Preiselbeermarmelade streichen. Das Mittelstück der Torte auflegen und wieder mit Fülle bestreichen. Mit dem letzten Drittel der Fülle den Rand der Torte dünn bestreichen und oben dicht an dicht 16 Rosetten aufspritzen.

Nun die 16 Teile des Deckels mit der Spitze jeweils auf einer Rosette aufsetzen und leicht an den Tortenrand andrücken. Jede Spitze mit einer Kaffeebohne oder Deko-Rosetten verzieren.

In die Mitte der Torte den Spiegel gießen, dafür Eierlikör mit Puddingpulver gut vermengen.

Mostgugelhupf

250 g Butter
300 g Staubzucker
1 Pkg. Vanillezucker
5 Eier
1 TL Zimt
1/4 l Most
150 g Walnüsse
150 g geschnittene Schokolade
380 g Mehl
1 Pkg. Weinsteinbackpulver

Butter, Zucker und Vanillezucker schaumig rühren und die Eier einzeln dazu einrühren. Zimt, Most, Nüsse und Schokolade daruntermischen und zum Schluss Backpulver und Mehl unterziehen. Bei mittlerer Hitze (ca. 170 °C) 1 Stunde lang backen. Eventuell mit Schokoladeglasur überziehen.

Tipp: *Der Gugelhupf ist erst am nächsten Tag so richtig gut.*

Über-Drüber-Schnitten

100 g Butter
120 g Zucker
4 Eidotter, getrennt
1/16 l Milch
150 g Mehl
1 TL Weinsteinbackpulver
200 g Zucker
150 g Mandelblättchen

Creme:
1/2 l Schlagobers
40 g Staubzucker
3 Pkg. Vanillezucker
2 Pkg. Sahnesteif
2 Becher Kaffeejoghurt

Zimmerwarme Butter mit Zucker ca. 5 Minuten schaumig rühren. Dotter einzeln nach und nach zum Butterabtrieb geben. Milch langsam einrühren, Mehl mit Backpulver versieben, unterheben und den Teig auf ein mit Backpapier ausgelegtes Backblech streichen.

Eiklar steifschlagen, Zucker einrieseln lassen und nochmals kräftig aufschlagen. Eischnee auf den Teig streichen, mit Mandelblättchen bestreuen, im vorgeheizten Rohr ca. 18 Minuten bei 170 °C backen. Auskühlen lassen und den Kuchen in zwei Teile schneiden.

Obers mit Staubzucker, Vanillezucker und Sahnesteif schlagen. Kaffeejoghurt unterheben und ca. 30 Minuten kalt stellen. Eine Kuchenhälfte mit Creme bestreichen und mit der 2. Hälfte abdecken.

Kühl stellen und am besten über Nacht durchziehen lassen.

Marillenkuchen mit Vanillehäubchen

150 g Butter
120 g Staubzucker
1/4 l Milch
375 g glattes Mehl
1 Pkg. Backpulver
3 Eidotter

Belag:
1 kg feste Marillen
150 g Feinkristallzucker
2 Pkg. Vanillezucker
Staubzucker

Butter, Zucker und Dotter schaumig rühren. Backpulver mit Mehl versieben und abwechselnd mit der Milch unter die Dottermasse rühren. Teig gleichmäßig am befetteten Blech verteilen und mit den entkernten, halbierten Marillen belegen. Bei 200 °C im Rohr 30 Minuten goldgelb backen.

Eiklar zu festem Schnee schlagen, Kristall- und Vanillezucker einrieseln lassen und weiterschlagen. Baisermasse auf dem Kuchen verteilen. Mit Staubzucker bestreuen.

Ca. 20 Minuten bei 170 °C hell backen, bis die Baisermasse knusprig ist.

Donauwellen-Muffins

für 12 Stück

1 kleines Glas Sauerkirschen
1 Ei
120 g Zucker
1 Pkg. Vanillezucker
80 ml Öl
250 ml Milch
250 g Mehl
2 TL Backpulver
1 Prise Salz
3 EL Kakaopulver
Schlagobers und Schokoladeraspel für den Belag

Ei, Zucker, Vanillezucker, Öl und Milch verrühren. Mehl, Backpulver und Salz in die Eiermischung geben. Die Hälfte des Teiges mit Kakao und 2 EL Milch mischen.

Den hellen Teig in die Muffinförmchen füllen, je 4–5 Kirschen darauflegen und mit dem dunklen Teig auffüllen. Bei 200 °C 20–25 Minuten backen.

Zum Schluss einen Tupfen steifgeschlagenes Obers auf die Muffins streiche[illegible] mit Schokoladeraspel bestr[illegible]

Pikanter Germzopf

Germteig:
300 g Mehl
1 Ei
20 g Öl
10 g Zucker
1 Prise Salz
Pfeffer
1/2 Pkg. Germ
200 g Milch

Fülle:
200 g Schinken
100 g geriebener Käse
1/2 grüner, 1/2 roter,
1/2 gelber Paprika
125 g Kräuter-
Crème fraîche
Pizzagewürz
verschiedene Kräuter

Für den Germteig Germ in der lauwarmen Milch auflösen und zum Mehl geben. Zucker, Salz, Öl und Ei dazugeben und mit den Kräutern zu einem mittelfesten Teig kneten. Teig gehen lassen, bis er doppelt so groß ist.

Für die Fülle Schinken und Paprika kleinwürfelig schneiden und mit Käse, Crème fraîche und Kräutern vermengen.

Teig zu einem Rechteck ausrollen und mit Fülle bestreichen, einrollen. Die Rolle mit einer Schere von oben nach unten ca. alle 5 cm schräg einschneiden. Einen Teil rechts ziehen, einen Teil links ziehen, wie einen Zopf.

Nochmals 15 Minuten gehen lassen und dann bei 180 °C ca. 35 Minuten backen.

Tipp: *Schmeckt gut zu einem Glaserl Most oder Wein.*

Lachs-Rucola-Rolle

Grüner Biskuitteig:
125 g Rucola
1/2 Becher Kräuter-Crème fraîche
3 Eier, getrennt
Salz
frisch gemahlener Pfeffer
Muskatnuss
60 g Weizenmehl
15 g Maizena
1/2 Pkg. Weinstein-backpulver

Fülle:
250 g Doppelrahm-Frischkäse
1/2 Becher Kräuter-Crème fraîche
etwas geriebene Zitronenschale
1 TL Honig
Salz
frisch gemahlener Pfeffer
Kren
1 EL Essig
1 Pkg. Räucherlachs

Rucola putzen, waschen, trockentupfen. Einige Blätter zum Garnieren beiseite legen.

Übrigen Rucola grob zerkleinern und mit Crème fraîche mit dem Mixstab pürieren. Eidotter unterrühren, mit Salz, Pfeffer und Muskatnuss würzen.

Eiklar steifschlagen, unter die Rucolamasse rühren. Mehl mit Maizena und Backpulver mischen, sieben und unterheben. Teig auf Backpapier streichen und bei 180 °C ca. 12 Minuten backen. Noch warm einrollen.

Für die Füllung Philadelphia mit Kräuter-Crème fraîche, Zitronenschale, Honig und Kren verrühren, mit Salz, Pfeffer und Essig abschmecken.

Füllung auf der Biskuitplatte glattstreichen und den Räucherlachs darauf verteilen, dabei 1 cm Rand frei lassen. Von der längeren Seite her mit Hilfe des Papiers aufrollen. Rolle mindestens 1 Stunde in den Kühlschrank stellen. Mit Rucola und Cocktailtomaten ausgarnieren.

Niederösterreich

Maria Wurzer stellt sich vor

Seit über 25 Jahren bewirtschafte ich mit meinem Mann Leo eine Landwirtschaft mit Erdbeerfeldern und einem Kürbis-Ab-Hof-Verkauf nahe der Brau- und Messestadt Wieselburg im Herzen des Mostviertels. Durch die hohe Qualität unserer Produkte und die Unterstützung unserer drei Kinder Karin, Markus und Dominik ist es uns möglich, unseren Betrieb mit 23 Hektar Anbaufläche als Hauptgewerbe zu führen.
Innovation und Kreativität waren schon immer ein Bestandteil der Familientradition und haben in den letzten Jahren zu einer Vielzahl von neuen geschmackvollen Produktspezialitäten geführt.
Kochen und Backen zählen zu meinen Lieblingsbeschäftigungen und so verwöhne ich meine Familie und Freunde immer wieder aufs Neue mit verschiedensten Kreationen und Köstlichkeiten. Seit 2008 bieten wir für Busgruppen auch ein eigenes Programm auf unserem Kürbishof an, wobei mein Kürbis-Schaukochen den Hauptpunkt darstellt.
Bei der Zutatenauswahl lege ich großen Wert auf Produkte aus der Region. Ganz besonders freut mich, dass ich mit selbstgemachtem, natürlichem Essen großen Einfluss auf die Gesundheit

und das Wohlbefinden der ganzen Familie nehmen kann. Mein Motto lautet daher auch: Mit Freude und Liebe zubereitete Speisen geben uns mehr Kraft und Lebensfreude.
Als Seminarbäuerin ist es mir ein besonderes Anliegen, die Verbindung zwischen Landwirtschaft und Konsumenten zu stärken.

Ich wünsche viel Spaß beim Nachbacken meiner liebsten Kuchen!

Fruchtiger Marillenkuchen

5 Eier, getrennt
220 g Kristallzucker
1 EL Vanillezucker
abgeriebene Schale von 1/2 unbehandelten Zitrone
220 g griffiges Mehl
10 g Backpulver
250 g Butter, zerlassen
60 g Kochschokolade, zerlassen
600 g Marillen
Staubzucker zum Bestreuen

Eiklar steifschlagen, mit Kristallzucker und Vanillezucker ausschlagen, nacheinander die Dotter und Zitronenschale in die flaumige Masse einrühren. Mehl mit Backpulver versieben, zusammen mit der zerlassenen Butter in die Masse einmelieren.

Die Hälfte des Teiges mit der zerlassenen Schokolade verrühren.

Eine rechteckige Kuchenform mit Backpapier auslegen, sodass das Papier über den Formrand steht.

Hellen und dunklen Teig abwechselnd mit einem Esslöffel in die Form füllen. Mit halbierten Marillen belegen und im vorgeheizten Backrohr bei 170 °C ca. 35–40 Minuten backen.

Kuchen auskühlen lassen, aus der Form heben und mit Staubzucker bestreuen.

Tipp: *Besonders gut schmeckt dieser Marillenkuchen noch warm mit Vanilleeis und Schlagobers serviert.*

Überraschungskuchen

4 Eiklar
200 g Kristallzucker
1 EL Vanillezucker
4 Eidotter
geriebene Schale von
1 unbehandelten Zitrone
120 g glattes Mehl
80 g Maizena
1/2 TL Backpulver
200 g Butter

Creme:
250 ml Schlagobers
250 g Kochschokolade
70 g Butter
etwas Weinbrand
100 g gestiftelte
Mandeln

Schokoladeglasur:
160 g Kochschokolade
100 g Butter
1 TL Öl

Marillenmarmelade
zum Bestreichen

Eiklar steifschlagen, mit Kristallzucker und Vanillezucker ausschlagen, nacheinander Dotter und Zitronenschale in die flaumige Masse einrühren. Mehl, Maizena und Backpulver versieben und mit der zerlassenen Butter in die Masse einmelieren.

Eine Ringform (26 cm Durchmesser) mit Butter bestreichen und mit Mehl ausstreuen. Die Masse einfüllen und im vorgeheizten Backrohr bei 190 °C ca. 45 Minuten backen. Den Kuchen ca. 15 Minuten in der Form rasten lassen, danach stürzen und erkalten lassen.

Für die Creme Schlagobers aufkochen, Schokolade und Butter einrühren. Unter ständigem Rühren aufkochen lassen. Überkühlt den Weinbrand beigeben. Nach dem völligen Erkalten die Creme aufschlagen. Mandeln einmengen und die Creme in einen Dresssiersack mit großer Lochtülle füllen.

Von der Kuchenunterseite einen 2 cm dicken Boden wegschneiden und zur Seite legen. Das Kucheninnere mit einem kleinen Löffel rundum aushöhlen. In den ausgehöhlten Kuchen die Creme eindressieren und den Boden wieder aufsetzen. Den Kuchen umdrehen, mit Marillenmarmelade bestreichen und mit Schokoladeglasur überziehen.

Tipp: *Ein außergewöhnlicher Kuchen für die schönsten Feste im Jahr.*

Mamas Erdbeer-Mandel-Kuchen

210 g Staubzucker
210 g Butter
6 Eier, getrennt
110 g geriebene Mandeln
110 g erweichte Schokolade
5 EL Milch
150 g glattes Mehl
1 TL Backpulver
300 g Erdbeeren
100 g Erdbeermarmelade für die Kuchenoberfläche
1 Pkg. Tortengelee
150 g Mandelblättchen
30 g Erdbeermarmelade für den Kuchenrand

Butter, Staubzucker und Dotter schaumig rühren, Mandeln, erweichte Schokolade und Milch beigeben.

Eiklar zu sehr steifen Schnee schlagen. Abwechselnd Schnee und das mit Backpulver versiebte Mehl in die Buttermasse unterheben.

Den Teig in eine befettete Tortenform (26 cm Durchmesser) füllen und im Backofen ca. 35–40 Minuten bei 180 °C backen. Kuchen auf einem Gitter auskühlen lassen.

Erdbeeren waschen, putzen und je nach Größe halbieren oder vierteln. Erdbeermarmelade gleichmäßig auf die Kuchenoberfläche streichen. Mit Erdbeeren belegen und anschließend den Tortenguss nach Packungsanweisung zubereiten und die Erdbeeren damit überziehen.

Mandelblättchen in einer Pfanne ohne Fettzugabe leicht rösten, bis sie zu duften beginnen. Die Marmelade glattrühren, etwas erwärmen, den Kuchenrand damit bestreichen und die Mandelblättchen vorsichtig andrücken.

Tipp: *Um zu verhindern, dass der Tortenboden durchweicht, kann man zwischen Boden und den Erdbeeren eine dünne „Isolierschicht" legen, je nach Geschmack passen z.B. Vanilleoberscreme, Joghurtcreme oder eine dünne Schicht Tortenguss.*

Linzer Kuchen à la Mitzi Tante

200 g Mehl
250 g Butter, würfelig geschnitten
200 g Staubzucker, gesiebt
1 EL Vanillezucker
250 g Mandeln, gerieben
1 Ei, verquirlt
1 Schnapsglas Kirschwasser
1 gehäufter TL Kakao
1 TL Zimt
1 Msp. Nelkenpulver

Belag:
Backoblatten
250 g Himbeer- oder Ribiselmarmelade
1 Ei, verquirlt
gehobelte Mandeln

Staubzucker zum Bestreuen

Teigzutaten rasch verkneten und zugedeckt ca. 1 Stunde rasten lassen.

Zwei Drittel des Teiges auf einem befetteten, bemehlten Blech ausrollen. Backoblatten einlegen und mit der passierten Marmelade bestreichen.

Aus dem restlichen Teig Rollen mit einem Durchmesser von ca. 1 cm formen und diese in einem Gitter über die Marmelade legen.

Das Gitter mit dem Ei bestreichen, mit gehobelten Mandeln bestreuen und im vorgeheizten Backrohr bei 160 °C ca. 30 Minuten backen.

Ausgekühlt mit gesiebtem Staubzucker bestreuen.

Beschwipster Marmorkuchen im Glas

150 g Butter
200 g Kristallzucker
5 Eier, getrennt
350 g glattes Mehl
1 TL Backpulver
180 g Sauerrahm
1 Prise Salz
1 Msp. Backpulver
2 EL Zucker
abgeriebene Schale von
1 unbehandelten Orange
2 EL Orangenlikör
100 g über
Dampf erweichte
Kochschokolade

4 Bierkrügerl mit
glatter Innenfläche
Butter zum Befetten
Kristallzucker oder
geriebene Nüsse
zum Ausstreuen

Zum Tränken:
1/8 l Orangensaft
3 EL Orangenlikör
50 g Staubzucker

Schokoladespäne:
50 g weiße Schokolade
50 g Zartbitter-
schokolade

Butter und Zucker schaumig schlagen. Nacheinander Dotter in die flaumige Masse einrühren. Mehl und Backpulver sieben und mit dem Sauerrahm unterrühren. Das Eiklar mit Salz, Backpulver und Zucker steifschlagen und vorsichtig einheben, dann den Teig teilen. In eine Hälfte die Orangenschale und den Likör mischen.

Biergläser befetten und mit Zucker ausstreuen. Hälfte des Teiges in die Gläser füllen. Unter die andere Hälfte die erweichte Schokolade rühren und die Gläser zu 3/4 damit auffüllen. Mit einer Gabel spiralförmig durch den Teig ziehen. Im vorgeheizten Backofen bei 175 °C ca. 35–40 Minuten backen.

Gläser aus dem Ofen nehmen. Nach 10 Minuten auf ein Kuchengitter stürzen.

Für die Tränke Orangensaft, Likör und Staubzucker verrühren, bis sich der Zucker vollständig gelöst hat. Über den leicht ausgekühlten Marmorkuchen träufeln.

Für die Schokoladespäne Schokolade getrennt hacken und jeweils über Dampf schmelzen. Auf den Rückseiten von 2 Backblechen dünn ausstreichen und für ca. 10 Minuten kalt stellen, mit einem Spachtel Späne abschaben und den Marmorkuchen damit verzieren.

Tipp: *Statt der Dekoration mit Schokoladespänen mit Schokoladeglasur überziehen und mit einem Klacks Schlagobers servieren.*

Wieselburger Erdbeerkuchen

100 g Kochschokolade
150 g Schoko-Sandkekse (z.B. Bahlsen Chokini)
100 g geriebene Mandeln
80 g weiche Butter

Fülle:
300 ml Milch
200 ml Schlagobers
70 g Vanillepuddingpulver
50 g Kristallzucker
100 ml Orangensaft
200 g Doppelrahm-Frischkäse
750 g Erdbeeren

Zum Garnieren:
50 g Kochschokolade
50 g Mandelblättchen

Schokolade im Wasserbad schmelzen. Kekse in einem verschlossenen Gefrierbeutel fein zerdrücken. Mandeln, Kekskrümel und Butter in einer Schüssel mit der flüssigen Schokolade mischen. Die Masse in eine mit Backpapier ausgelegte Springform (24 cm Durchmesser) füllen und im vorgeheizten Backrohr bei 175 °C ca. 10 Minuten backen, dann abkühlen lassen.

Für die Fülle Milch, Schlagobers, Puddingpulver und Zucker verrühren, aufkochen und abkühlen lassen. Orangensaft und Frischkäse verrühren und unter den Pudding heben.

Die Erdbeeren waschen, 500 g Erdbeeren putzen, würfeln und unter die Creme heben. Die Creme auf den Tortenboden geben und etwa 5 Stunden kalt stellen.

Schokolade im heißen Wasserbad schmelzen. Übrige Erdbeeren in die Schokolade tauchen und den Kuchen damit belegen.

Mandeln in einer Pfanne ohne Fett rösten, den Kuchenrand damit verzieren.

Tipp: *Dieser Erdbeerkuchen erfüllt drei Wünsche auf einmal, denn er ist fruchtig, schokoladig und cremig zugleich.*

Feiner Apfelmürbteigkuchen

Mürbteig:
200 g Butter
500 g glattes Mehl
1 EL Backpulver
250 g Staubzucker
2 Eier
1 EL Vanillezucker
1 EL Zitronensaft
geriebene Schale von
1 unbehandelten Zitrone

Fülle:
1 kg Äpfel
3 EL Kristallzucker
1/2 TL Zimt
50 g Rosinen

1 Ei zum Bestreichen

Für den Mürbteig die kalte Butter in Stücke schneiden und mit dem Mehl, Backpulver und Staubzucker zwischen den Fingern krümelig verreiben. Eier und die übrigen Zutaten hinzufügen und rasch zu einem Teig verkneten, dabei nicht zu lange kneten. Teig in Folie eingepackt 20 Minuten in den Kühlschrank stellen.

In der Zwischenzeit die Äpfel schälen, entkernen und in Scheiben schneiden.

Eine Hälfte des Teiges auf ein Blech ausrollen. Äpfel, Zucker, Zimt und Rosinen darauf verteilen und flachdrücken. Die zweite Hälfte des Teiges gleich groß auf einem Backpapier ausrollen, verkehrt auf die Fülle legen und das Backpapier abziehen.

Mit Ei bestreichen und bei 180 °C Heißluft ca. 40 Minuten backen.

Tipp: *Einfacher ist es, wenn die zweite Teighälfte in gleichmäßige kleine Rechtecke geteilt wird und diese eng aneinanderliegend über die Fülle gelegt werden – die Fülle muss dabei ganz mit Teig bedeckt sein.*

Kürbiskuchen mit weißem Schokolademousse auf Kürbis-Apfel-Kompott

Kürbiskuchen:
500 g Muskatkürbis
1 EL glattes Mehl
100 g Walnüsse, fein gerieben
30 g Semmelbrösel
60 g Kristallzucker
50 ml Orangensaft
80 g Kürbiskerne, gerieben
100 g Toastbrot, entrindet
100 ml Milch
150 g weiche Butter
1 Prise Salz
1 Pkg. Vanillezucker
50 g Staubzucker
Schale von 1/2 unbehandelten Orange
4 Eier, getrennt
100 g dunkle Kuvertüre, geschmolzen
1 EL Rum

Weißes Schokolademousse:
2 Eier
1 Pkg. Vanillezucker
3 Blatt Gelatine
200 g weiße Schokolade
1/2 l Schlagobers

Für das Schokolademousse Eier mit dem Vanillezucker über Dampf aufschlagen und die eingeweichte, gut ausgedrückte Gelatine einrühren. Weiße Schokolade grob zerkleinern und über Wasserdampf schmelzen. Die geschmolzene Schokolade lippenwarm rasch unter die Masse rühren und das steifgeschlagene Obers unterheben. Masse in eine kleine, mit Klarsichtfolie ausgelegte Kuchenform füllen und mit der Folie zugedeckt mindestens 6 Stunden in den Kühlschrank stellen.

Kürbis schälen, klein würfeln. Mehl mit Nüssen und Bröseln vermischen. 20 g vom Kristallzucker in einer Pfanne zu hellem Karamell schmelzen, Kürbis dazugeben und mit Orangensaft aufgießen. Kürbisfleisch weichköcheln, die Flüssigkeit soll dabei verdampfen.

Auflaufformen oder Dariolformen (100 ml) mit Butter ausstreichen, mit Kürbiskernen ausstreuen.

Toastbrot klein würfeln, mit Milch vermischen, kurz ziehen lassen. Butter mit Salz, Vanillezucker, Staubzucker und geriebener Orangenschale schaumig rühren. Dotter einrühren. Kuvertüre und Brot untermischen. Eiklar mit übrigem Zucker zu steifem Schnee schlagen. Schnee, Mehlmischung, Rum und Kürbis unter die Dottermasse heben.

Kürbis-Apfel-Kompott:
3 Äpfel
200 g Muskatkürbis
60 g Kristallzucker
100 ml Orangensaft
1 EL Cointreau (Orangenlikör)
1 EL Butter

Zum Anrichten:
Staubzucker
Zimt

Masse in die Formen füllen, in ein Geschirr stellen und so viel kochendes Wasser zugießen, dass sie halbhoch im Wasserbad stehen. Im vorgeheizten Rohr bei 170 °C ca. 40 Minuten backen.

Für das Kompott Kürbis und Äpfel schälen und würfelig schneiden. Zucker in einer Pfanne karamellisieren. Äpfel und Kürbis dazugeben, beidseitig kurz braten, Orangensaft und Cointreau zugießen und weichdünsten. Zum Schluss die Butter einrühren.

Mousse kurz in heißes Wasser tauchen, stürzen und in Scheiben schneiden.

Kürbiskuchen stürzen, mit Mousse und Kompott anrichten und mit dem Staubzucker-Zimt-Gemisch bestreuen.

Bodensdorfer Kürbiskernölkuchen

4 Eier, getrennt
7 EL Wasser
180 g Kristallzucker
150 ml Kürbiskernöl
220 g glattes Mehl
1 TL Backpulver

Füllung:
250 ml Schlagobers
120 g Erdbeer-Himbeer-Marmelade
2 Blatt Gelatine
1 Stamperl Rum

Glasur:
100 g Kochschokolade
80 g Butter
1 TL Öl

Zum Verzieren:
100 g weiße Schokolade
10 g Butter

Eiklar, Wasser und Kristallzucker zu steifem Schnee schlagen. Dotter und Kürbiskernöl nach und nach dazugeben. Mehl mit Backpulver versieben und unterheben. Die fertige Kuchenmasse in eine befettete und mit Mehl bestaubte Kuchenform füllen und im vorgeheizten Backrohr bei 180 °C ca. 45 Minuten backen.

Überkühlt (ca. 10 Minuten) aus der Form nehmen und zweimal durchschneiden.

Für das Erdbeer-Himbeer-Obers die eingeweichte, ausgedrückte Gelatine mit wenig Rum erwärmen und in die Erdbeer-Himbeer-Marmelade einrühren. Überkühlt den geschlagenen Obers unterrühren und den Kuchen damit füllen.

Für die Glasur die Kochschokolade grob hacken und zusammen mit der Butter über Dampf schmelzen, gut verrühren und überkühlen lassen. Kuchen mit der Schokoladeglasur überziehen.

Für die weißen Streifen in der Glasur weiße Schokolade grob hacken und zusammen mit der Butter über Dampf schmelzen, gut verrühren, auskühlen lassen und in ein Frischhaltesackerl füllen. Sackerl an einer Ecke aufschneiden und den Kuchen mit der weißen Schokolade verzieren.

Vollwert-Kürbiskuchen auf Fruchtspiegel

330 g Kürbisfleisch (Muskatkürbis)
4 Eier, getrennt
280 g Staubzucker
1 TL Vanillezucker
1/16 l Öl
170 g geriebene Kürbiskerne
1/2 TL Zimt
330 g Dinkelmehl
1/2 TL Backpulver

Fruchtspiegel:
500 g Kürbisfleisch (Muskatkürbis)
1/8 l Orangensaft
1/8 l Wasser
Zucker und Honig nach Geschmack
1 TL Vanillezucker
1 Msp. Zimt
2 EL Puddingpulver
einige Tropfen Schlagobers

Staubzucker zum Anrichten

Kürbis dünsten, abtropfen lassen und pürieren.

Dotter, Zucker und Vanillezucker schaumig rühren. Öl langsam hinzufügen. Eiklar steifschlagen, mit den übrigen Zutaten in die Dottermasse einheben. In eine befettete, bemehlte Kastenform füllen. Im vorgeheizten Backrohr bei 180 °C ca. 45 Minuten backen.

Für den Fruchtspiegel Kürbis würfelig schneiden, mit Orangensaft und Wasser weichdünsten und pürieren. Zucker, Honig, Vanillezucker, Zimt und mit 1 EL kaltem Wasser angerührtes Puddingpulver dazugeben und nochmals kurz aufkochen.

Fruchtspiegel auf Teller auftragen, einige Tropfen Schlagobers daraufträufeln und mit einem Holzspieß durchziehen.

Kuchen mit Staubzucker bestreuen und auf dem Fruchtspiegel servieren.

Helenenkuchen

3 Eier, getrennt
180 g Kristallzucker
1 TL Vanillezucker
200 g erweichte Butter
70 g erweichte Schokolade
130 g Haselnüsse
140 g glattes Mehl
1 Pkg. Backpulver
1 Msp. Zimt
4 reife Birnen (Sorte Williams)
2 EL Zitronensaft

Streusel:
70 g glattes Mehl
40 g Kristallzucker
50 Butter
1 Prise Zimt

Eiklar steifschlagen, Vanille- und Kristallzucker langsam einrieseln lassen und, nachdem sich dieser aufgelöst hat, die Dotter nacheinander dazugeben. Butter und Schokolade einrühren. Haselnüsse, Mehl, Backpulver und Zimt vermischen und unterheben.

Eine Kastenform (ca. 30 cm) mit Öl ausstreichen und mit Backpapier auslegen. Die Masse in die Form füllen und glattstreichen.

Birnen schälen, entkernen, in Spalten schneiden und mit Zitronensaft beträufeln. Spalten eng nebeneinander auf den Teig legen.

Für den Streusel die Zutaten mischen und zwischen den Fingern krümelig reiben. Kuchenmasse mit Streusel bestreuen und im vorgeheizten Rohr bei 180 °C ca. 50–60 Minuten backen.

Tipps: *Streusel werden knuspriger, wenn man sie statt aus Mürbteig aus sehr fein zerbröseltem Zwieback, flüssiger Butter, etwas Zucker und 1 Prise Zimt zubereitet. Statt der Williams-Birnen kann auch eine Dose gut abgetropftes Birnenkompott verwendet werden.*

Raffinierte Cappuccino-Schnitten

7 Eier, getrennt
230 g Staubzucker
230 g Nüsse
70 g Brösel
7 Eiklar

Creme:
1/4 l Milch
120 g Kristallzucker
40 g Vanille-puddingpulver
2 Eidotter
5 Stk. Karamellzuckerl
250 g Butter

Zum Belegen:
ca. 30 Biskotten
1/8 l Cappuccino (mit 1 EL Rum vermischt)

1/4 l Schlagobers zum Bestreichen
Schokoladespäne zum Bestreuen

Dotter mit Staubzucker schaumig rühren. Nüsse mit Bröseln vermischen und abwechselnd mit dem Dotterschaum unter den steifgeschlagenen Schnee heben. Auf ein befettetes Blech streichen und bei 170 °C ca. 20 Minuten backen.

Für die Creme zwei Drittel der Milch mit Zucker aufkochen. Die restliche Milch mit Vanillepuddingpulver und Dotter vermischen, in die heiße Milch einrühren, kurz weiterköcheln lassen und die Karamellzuckerl darin auflösen. Nach dem Überkühlen in die schaumig gerührte Butter einrühren.

Creme über den gebackenen Kuchen gleichmäßig aufstreichen.

Die Biskotten in die gut verrührte Tränke kurz eintauchen und über die Creme legen. Mit gesüßtem, steifgeschlagenen Schlagobers bestreichen und mit Schokoladespänen bestreuen.

Schokoladiger Kürbiskuchen

6 Eier, getrennt
80 g Staubzucker
1 EL Rum
1/8 l Kürbiskernöl
80 g Kristallzucker
50 g geriebene Schokolade
50 g geriebene Nüsse
90 g geriebene Kürbiskerne
150 g Weizenvollmehl
1 TL Backpulver

Kürbiskernkrokant:
100 g Zucker
100 g Kürbiskerne

Zum Anrichten:
Staubzucker
Schlagobers

Dotter, Staubzucker und Rum schaumig rühren, Kürbiskernöl langsam einrühren.

Eiklar mit dem Kristallzucker zu sehr festem Schnee schlagen. Trockene Zutaten vermengen und mit dem Schnee in die Dottermasse einheben.

In eine befettete, bemehlte Rehrückenform füllen und bei 180 °C ca. 50 Minuten backen, 10 Minuten in der Form auskühlen lassen und auf eine Platte stürzen.

Für das Kürbiskernkrokant Zucker mit den Kürbiskernen karamellisieren, auf ein beöltes Blech gießen, überkühlen lassen und grob hacken.

Vor dem Servieren mit Staubzucker und Kürbiskernkrokant bestreuen und mit geschlagenem Obers verzieren.

Feiner Erdbeer-Obers-Kuchen

3 Eier
90 g Kristallzucker
1 EL Vanillezucker
abgeriebene Schale von 1 unbehandelten Zitrone
120 g Mehl
1/2 TL Backpulver
30 g Maizena

Oberscreme:
1/4 l Schlagobers
80 g Staubzucker
1 EL Vanillezucker
250 g Erdbeeren, gewaschen, geputzt und zerkleinert

Zum Bestreichen:
ca. 150 g Erdbeermarmelade

Garnierung:
3 EL Schokoladespäne
1/4 l steifgeschlagenes Obers
150 g Erdbeerscheiben
2–3 EL geschmolzene Schokolade für Schokoladegitter

Eier mit Zucker, Vanillezucker und abgeriebener Zitronenschale schaumig schlagen. Mehl mit Backpulver und Maizena versieben und locker untermischen. Eine rechteckige Kuchenform mit Backpapier auslegen, den Teig einfüllen und bei 180 °C ca. 40 Minuten backen, in der Form abkühlen lassen. Aus der Form nehmen, das Papier abziehen, einmal durchschneiden und mit Erdbeermarmelade bestreichen.

Für die Oberscreme das Obers mit Staubzucker und Vanillezucker steifschlagen. Den Unterteil des Kuchens dick mit Creme bestreichen, die Erdbeeren aufstreuen und das Oberteil daraufsetzen.

Den Kuchen rundum mit Schlagobers bestreichen und mit geschabter Schokolade bestreuen. Restliches Schlagobers als Tupfen aufspritzen und Erdbeerscheiben daranlegen.

Für die Schokoladegitter Schokolade in einen Gefrierbeutel füllen und zusammendrehen. Eine winzige Ecke abschneiden, kleine Gitter auf einen Bogen Backpapier spritzen und erstarren lassen. Gitter auf den Kuchen setzen.

Tipp: *Erdbeeren sanft abbrausen und auf einem Küchenpapier abtropfen lassen. Stiele und Blätter erst danach abzupfen, so bleiben Aroma und Vitamine am besten erhalten.*

Apfelkuchen mit Streusel

6 Eier, getrennt
200 g Kristallzucker
2 EL Vanillezucker
450 g glattes Mehl
1 TL Backpulver
300 g Butter, zerlassen

Fülle:
700 g Äpfel, geschält, feinblättrig geschnitten
50 g Kristallzucker
1 TL Zimt

Streusel:
150 g Butter
150 Kristallzucker
250 g Mehl

Eiklar steifschlagen, mit Kristallzucker und Vanillezucker ausschlagen, nacheinander Dotter einrühren. Mehl mit Backpulver versieben und mit der Butter in die Masse einmelieren.

Die Hälfte des Teiges auf ein befettetes, bemehltes Backblech streichen.

Äpfel, Zucker und Zimt darauf verteilen und den restlichen Teig darauf verstreichen.

Für die Streusel die Zutaten zwischen den Handflächen zu Krümeln verreiben, eventuell durch ein grobes Sieb passieren.

Die Streusel über den Teig streuen und im vorgeheizten Backrohr bei 170 °C Heißluft ca. 30–35 Minuten backen.

Mostviertler Mostpudding

100 g Mehl
2 TL Backpulver
80 g geriebene Haselnüsse
3 Rippen geriebene Schokolade
140 g Butter
140 g Zucker
4 Eier, getrennt
1 EL Rum
5 EL Milch
geriebene Schale von 1 unbehandelten Zitrone

Mostschaum:
1/4 l Most
3 Eidotter
1 Ei
120 g Zucker

Zum Tränken:
1/2 l Most
100 g Zucker
1 Pkg. Vanillezucker
1 Gewürznelke
Zimtrinde
geriebene Schale von 1 unbehandelten Zitrone

Schlagobers zum Garnieren

Mehl, Backpulver, Nüsse und Schokolade vermischen. Butter schaumig rühren, Dotter und zwei Drittel des Zuckers einrühren. Eiklar mit dem restlichen Zucker zu steifem Schnee schlagen. Mehl, Zitronenschale, Rum und Milch zum Abtrieb geben, Eischnee vorsichtig einmischen, in eine befettete und bemehlte Gugelhupfform füllen.

Im vorgeheizten Backrohr bei 180 °C ca. 40 Minuten backen, danach in der Form für ca. 10 Minuten auskühlen lassen und in eine hohe Schüssel stürzen.

Zum Tränken alle Zutaten zum Kochen bringen, Mostpudding damit übergießen, einziehen lassen und kühl stellen.

Für den Mostschaum Most, Dotter, Ei und Zucker über Dunst schaumig schlagen. Mostpudding aufschneiden, mit Mostschaum anrichten und mit geschlagenem Obers garnieren.

Leckerer Sandkuchen

4 Eier
190 g Staubzucker
1 EL Vanillezucker
1 Prise Salz
Saft und geriebene Schale von 1 unbehandelten Zitrone
190 g Mehl
150 g Butter

Zum Anrichten:
150 g Kochschokolade
ca. 4 EL Schlagobers
Staubzucker

Eier, Zucker, Vanillezucker, Salz, Zitronensaft und -schale erst warm über Dampf, dann kalt schlagen. Mehl und zerlassene Butter einrühren. Masse in eine befettete, gestäubte rechteckige Kuchenform füllen und bei 220 °C anbacken.

Nach ca. 8 Minuten hat sich eine Kruste gebildet – diese mit einem befetteten Messer der Länge nach einmal einschneiden und den Kuchen bei 160–180 °C ca. 40 Minuten ausbacken. Der Kuchen soll beim Einschnitt schön aufreißen.

Kuchen aus dem Backrohr nehmen und ca. 10 Minuten abkühlen lassen. Aus der Form lösen und auf ein Kuchengitter stürzen.

Schokolade über Dampf erwärmen und Schlagobers darunterrühren. Kuchen auf dem Schokoladespiegel anrichten und mit Staubzucker bestreut servieren.

Tipp: *Mehr Pep bekommt der Sandkuchen, wenn man ihn mit Zuckerguss überzieht. Darauf Orangen- oder Zitronenzesten von unbehandelten Früchten streuen und trocknen lassen.*

Tiramisu-Kuchen

4 Eier, getrennt
200 g Kristallzucker
2 EL Löskaffee
1 EL Vanillezucker
geriebene Schale und Saft von 1/2 unbehandelten Orange
130 g griffiges Mehl
70 g Butter
3 EL Milch
1 EL Rum
3 EL Orangenlikör
20 italienische Eierbiskotten

Zum Beträufeln:
2 EL Löskaffee
6 EL Wasser
2 EL Rum

Zum Bestreichen:
250 g Mascarino
50 g Staubzucker
1 EL Vanillezucker
1 EL Orangenlikör
150 ml Schlagobers

Schokoladespäne zum Bestreuen

Eiklar mit Kristallzucker zu steifem Schnee schlagen. Dotter, Löskaffee, Vanillezucker, Orangenschale und -saft und Mehl vorsichtig darunterheben. Zum Schluss flüssige Butter unterziehen. Halbe Teigmenge in einer mit Backpapier ausgelegten Kuchenform gleichmäßig verstreichen.

Milch, Rum und Orangenlikör verrühren. Biskotten darin eintauchen, Teig damit belegen und restlichen Teig darauf streichen. Kuchen im vorgeheizten Backrohr bei 180 °C ca. 20–25 Minuten backen. Kuchen aus der Form heben und auskühlen lassen.

Kaffee mit lauwarmem Wasser und Rum verrühren und den Kuchen damit beträufeln.

Mascarino mit Staub- und Vanillezucker sowie Orangenlikör verrühren. Schlagobers steifschlagen und unterheben. Kuchen damit bestreichen, mithilfe einer gezackten Teigkarte mit einem wellenartigen Dekor verzieren und mit Schokoladespänen bestreuen.

Tipp: *Besonders saftig wird der Kuchen, wenn man ihn über Nacht durchziehen lässt.*

Erdbeer-Häferlkuchen

200 g Erdbeeren
100 g Haselnüsse
120 g Butter
120 g Staubzucker
3 Eier
120 g griffiges Mehl
1 TL Backpulver

Für die Formen:
8 feuerfeste Häferl
(je 200 ml)
Butter
Mehl

Zum Dressieren:
100 g Erdbeermarmelade
Frischhaltesackerl

Zum Garnieren:
Staubzucker
Schlagobers
Erdbeerscheiben

Erdbeeren waschen, putzen, in kleine Stücke schneiden und mit den fein gehackten Haselnüsse vermengen.

Zimmerwarme Butter mit Staubzucker schaumig rühren. Eier verquirlen und nach und nach unter den Butterabtrieb rühren. Mehl mit Backpulver versieben und unterrühren. Die Erdbeeren vorsichtig untermengen.

Die feuerfesten Häferl mit Butter ausfetten, mit Mehl bestäuben und mit der Masse füllen.

Die Erdbeermarmelade in ein Frischhaltesackerl füllen, an einer Ecke des Sackerls ein kleines Stück abschneiden und die Marmelade spiralförmig auf die Rührmasse dressieren.

Im vorgeheizten Rohr auf mittlerer Schiene bei 180 °C etwa 20–25 Minuten backen.

Erdbeerkuchen im Häferl auskühlen lassen, anzuckern und mit Schlagoberstupfen und Erdbeeren garnieren.

Tipps: *Erdbeeren etwa 1 Stunde vor der Zubereitung aus dem Kühlschrank nehmen, damit sie ihr volles Aroma entfalten können. Anstatt der Häferl kann man auch Muffinformen verwenden.*

Silvia Elnrieder stellt sich vor

Ich wurde 1957 geboren und wuchs am elterlichen landwirtschaftlichen Betrieb mit Schwerpunkt Suppengrün in Wien-Oberlaa auf.
Nach meiner Ausbildung zur Volksschullehrerin heiratete ich den Landwirtschaftsmeister Rudolf Elnrieder aus Lanzendorf. Mein Mann zog zu mir und seither führen wir unseren Feldgemüsebaubetrieb. Karotten, Gelbe Rüben, Petersilienwurzeln, Porree, Schnittpetersilie werden von uns angebaut. Aus diesen, gemeinsam mit Sellerie, wird dann Suppengrün gebunden. Diese Suppengrünbüscherl verkaufe ich am Großgrünmarkt Wien-Inzersdorf, ebenso werden sie an eine Supermarktkette verkauft. Auf unseren Feldern wachsen auch Gerste, Weizen und Zuckerrüben, um die Fruchtfolge einhalten zu können.
Wir haben vier Kinder, zwei Söhne und zwei Töchter, und ein Enkerl, den zweijährigen Johannes, der sich sehr für Traktoren interessiert, aber auch beim Kuchenbacken eifrig mitrührt.
Drei Monate nach der Geburt meines vierten Kindes machte ich die Ingenieurprüfung für Gartenbau an der Gartenbauschule Schönbrunn.
Meine Liebe zum Backen habe ich sicher meiner Nachbarin, der allbekannten Hanni-Tant, zu verdanken. Sie war es, die, wenn ich Rat und

Hilfe beim Backenlernen brauchte, alles liegen und stehen ließ und mir mit ihren Tipps weiterhalf. Sie hatte immer gute Tipps, denn ihr Bruder führte eine Konditorei und sie half dort sehr oft mit.

So wünsche ich Ihnen viel Freude beim Lesen, Nach machen und Verzehren der Köstlichkeiten!

Nussrolle

7 Eier, getrennt
100 g Zucker
120 g Mehl
60 g Nüsse
etwas Zitronensaft

Fülle:
1/4 l Schlagobers
50 g Zucker

Staubzucker
Vanillezucker

Dotter mit der halben Zuckermenge und dem Zitronensaft sehr schaumig rühren. Eiklar mit dem restlichen Zucker zu Schnee schlagen. Schnee, geriebene Nüsse und Mehl unter die Dottermasse ziehen. Das Backblech mit Backpapier auslegen, die Teigmasse gleichmäßig darauf verteilen und im Rohr bei 200 °C ca. 15 Minuten backen.

Den fertigen Biskuit auf ein mit Zucker bestreutes Papier stürzen, Backpapier abziehen, einrollen und auskühlen lassen.

Vorsichtig wieder aufrollen und mit gezuckertem, steifgeschlagenem Obers füllen und wieder zu einer Rolle formen. Die fertige Nussrolle mit Staubzucker-Vanillezucker-Gemisch bestreuen.

Gugelhupf

5 Eier
0,2 l Öl
200 g Zucker
1 EL Vanillezucker
370 g glattes Mehl
1 EL Backpulver
0,2 l Wasser
1 EL Rum
Staubzucker zum Bestreuen

Zucker, Öl, die ganzen Eier und Vanillezucker flaumig rühren, Mehl mit Backpulver versieben und abwechselnd mit Wasser und Rum untermischen.

In eine ausgebutterte, mit Mehl bestreute Gugelhupfform gießen und im vorgeheizten Rohr ca. 50 Minuten bei 160 °C backen. Nach dem Stürzen mit Staubzucker bestreuen.

10 Muffins

Marmorgugelhupf

3 Eier, getrennt
1 Prise Salz
1/8 l Öl
1/8 l Wasser
200 g Staubzucker
1 EL Vanillezucker
250 g glattes Mehl
1 EL Backpulver
geriebene Zitronenschale
1 EL Kakao

Eiklar mit etwas Salz zu festem Schnee schlagen. Öl, Wasser, Staubzucker, Vanillezucker, mit Mehl versiebtes Backpulver, Zitronenschale und Dotter schaumig rühren.

Schnee unterheben. Masse teilen und in eine Hälfte 1 EL Kakao einrühren.

In eine ausgebutterte und bemehlte Gugelhupfform zuerst die helle, dann die dunkle Teigmasse gießen und im vorgeheizten Rohr bei 160 °C ca. 50 Minuten backen.

Tag-und-Nacht-Schnitten

200 g Zucker
1 EL Vanillezucker
0,2 l Öl
5 Eier, getrennt
250 g Mehl
1 EL Backpulver
0,2 l Wasser
2 EL Kakao

Creme:
1 l Schlagobers
2 Pkg. Sahnesteif
2 EL Kakao
2 EL Vanillezucker

Dotter, Zucker und Vanillezucker schaumig rühren, Öl, Wasser, Kakao, Mehl und Backpulver unterrühren. Eiklar zu festem Schnee schlagen und unterheben.

Masse auf ein befettetes und bemehltes Backblech streichen und im vorgeheizten Backrohr bei 160 °C ca. 45 Minuten backen.

Schlagobers mit Sahnesteif und Vanillezucker zu einer festen Creme schlagen. Masse halbieren und in die zweite Hälfte Kakao einrühren.

Nach Erkalten des Kuchens zuerst mit heller Creme, anschließend mit dunkler Creme bestreichen.

Tipp: *Als Alternative zum Schlagobers können Sie auch Patisseriecreme verwenden.*

Schokoladeschnitten

5 Eier, getrennt
1/8 l Öl
1/8 l Wasser
250 g Feinkristallzucker
280 g Mehl
30 g Kakao
1 EL Vanillezucker
1 EL Backpulver

Aus Eiklar einen festen Schnee schlagen. Dotter mit Feinkristallzucker und Vanillezucker schaumig rühren. Mehl, Kakao, Backpulver, Wasser und Öl nach und nach mit Schnee unter die Masse rühren.

Masse in eine ausgebutterte und bemehlte Kastenform gießen und im vorgeheizten Backrohr bei 170 °C ca. 60 Minuten backen.

Birnenschnitten

7 Eier, getrennt
200 g Butter
200 g Schokolade
150 g Zucker
200 g Mehl
1 EL Vanillezucker
1 EL Backpulver
1 kg Birnen

Creme:
1 l Milch
2 Pkg. Vanille-puddingpulver
1/4 l Schlagobers

Marillenmarmelade zum Bestreichen
Glasur aus
150 g Schokolade und
100 g Margarine

Birnen schälen, halbieren und entkernen. In Wasser weichdünsten, anschließend gut abtropfen lassen.

Aus dem Eiklar einen festen Schnee schlagen. Die weiche Butter, Zucker, Vanillezucker, erwärmte Schokolade und Eidotter schaumig rühren. Beide Massen zusammenmischen und das mit Backpulver vermischte Mehl einrühren. Auf einem mit Backpapier ausgelegten Backblech im vorgeheizten Rohr bei 160 °C ca. 50 Minuten backen.

Vanillepudding zubereiten, auskühlen lassen und geschlagenes Obers unterrühren.

Ausgekühlten Kuchen mit Marmelade bestreichen, mit Birnenhälften oder -spalten belegen, Creme darübergießen und steifwerden lassen. Zuletzt noch mit Schokoladeglasur überziehen.

Mandelkranz

6 Eier, getrennt
6 EL Wasser
250 g Zucker
Schale von 1 Zitrone, gerieben
150 g Maizena
150 g Mehl
1 EL Backpulver

Creme:
200 g Butter oder Margarine
100 g Staubzucker
1 Ei
1 EL Vanillezucker
2 EL Rum

150 g geriebene Mandeln

Eiklar mit dem kalten Wasser zu Schnee schlagen, Dotter und Zucker schaumig rühren, dann vorsichtig unterheben und das mit Backpulver gesiebte Maizena und Mehl untermischen. Diese Masse in eine befettete, mit geriebenen Mandeln ausgestreute Ringform füllen und ca. 50 Minuten bei 160 °C backen.

Den erkalteten Kranz einmal durchschneiden, mit Creme füllen, auch außen bestreichen, und mit geriebenen Mandeln bestreuen.

Biskuitroulade

160 g Zucker
160 g Mehl
8 Eier, getrennt
Zitronenschale
1 EL Vanillezucker
Marmelade zum Füllen

Zwei Drittel des Zuckers mit Dotter schaumig rühren, Zitronenschale und Vanillezucker einrühren. Aus Eiklar und restlichem Zucker einen festen Schnee schlagen. Mehl und Schnee vorsichtig unter die Masse ziehen.

Auf einem mit Backpapier ausgelegten Backblech aufstreichen, rasch backen (bei 160 °C Heißluft ca. 15–20 Minuten), dick mit glattgerührter Marmelade bestreichen und einrollen.

Tipp: *Die klassische Biskuitroulade ist mit Marillenmarmelade gefüllt.*

Joghurtschnitten

6 Eier, getrennt
100 g Zucker
180 g Mehl
1 EL Backpulver

Creme:
1 l Joghurt (mit oder ohne Früchte)
1/4 l Schlagobers
10 Blatt Gelatine
Zucker nach Bedarf

+ 180 gr für 250 gr
+ 2 Gelatine mehr

Dotter mit Zucker schaumig rühren, aus Eiklar einen festen Schnee schlagen. Mehl, Backpulver und Schnee vorsichtig unter die Masse ziehen. Auf einem mit Backpapier ausgelegten Backblech aufstreichen, rasch backen.

Geschlagenes Obers unter das Joghurt mischen und aufgelöste Gelatine beigeben, nach Bedarf zuckern.

Nach dem Auskühlen die Joghurtcreme auf Biskuit verteilen und kühl gestellt steifwerden lassen.

Tipp: *Unter die Joghurtmasse können auch Früchte der Saison gegeben werden.*

Karotten-Mandel-Kuchen

300 g Karotten
6 Eier, getrennt
200 g Zucker
1 EL Vanillezucker
300 g Mandeln, gerieben
50 g Speisestärke
1 TL Zimt
1 Zitrone

Karotten schälen und fein reiben. Eiklar zu festem Schnee schlagen.

Zucker und Dotter schaumig rühren, die Karotten untermischen und weiterrühren. Mandeln, Speisestärke und Zimtpulver unterrühren, Zitronenschale reiben und gepressten Zitronensaft dazugießen. Eischnee unterheben.

Masse in eine ausgebutterte und bemehlte Kastenform gießen und im vorgeheizten Backrohr bei 170 °C ca. 60 Minuten backen. Nach dem Auskühlen mit Staubzucker bestreuen und eventuell mit Zucker- oder Marzipankarotten dekorieren.

Sacherschnitten

100 g Margarine
5 Eier
150 g Zucker
1 EL Vanillezucker
100 g zerlassene Schokolade
150 g Mehl
1 EL Backpulver

Glasur:
150 g Staubzucker
1 TL Kakao
2 EL Wasser

Marmelade zum Füllen

Zutaten nach und nach zu einem Rührteig verarbeiten.

In einer befetteten, bemehlten Kastenform im vorgeheizten Backrohr bei 160 °C ca. 45 Minuten backen.

Den erkalteten Kuchen zweimal durchschneiden, mit Marmelade füllen und zusammensetzen und zuletzt mit dunkler Zuckerglasur überziehen.

Zucchinikuchen

1 Tasse Öl
2 Tassen Zucker
2 geriebene Zucchini
3 Tassen Mehl
1 Tasse Nüsse
3 Eier, getrennt
1 EL Backpulver
1 TL Zimt
1 EL Vanillezucker
Staubzucker zum Bestreuen

Eiklar zu festem Schnee schlagen. Die restlichen Zutaten zu einem Rührteig verarbeiten. Schnee zum Schluss vorsichtig unterheben.

In einer befetteten, mit Mehl ausgestreuten Rehrückenform bei 160 °C ca. 45 Minuten backen. Überkühlt mit Staubzucker bestreuen.

Tipp: *Diese Masse eignet sich auch gut für Blechkuchen.*

Ribiselschaumschnitten

4 Eidotter
200 g Zucker
1 EL Vanillezucker
70 g Margarine
4 EL Wasser
300 g Mehl
1 EL Backpulver
1 EL Rum
geriebene
Zitronenschale

Schaum:
4 Eiklar
200 g Staubzucker
1 EL Vanillezucker

Marmelade
ca. 300 g Ribisel
(gewaschen, entstielt)

Dotter, Zucker, Vanillezucker und Margarine schaumig rühren. Wasser, Mehl, Backpulver, Rum und Zitronenschale unterheben. Auf einem mit Backpapier belegten Blech verteilen und im vorgeheizten Rohr bei 200 °C ca. 10 Minuten backen.

Aus Eiklar, Staubzucker und Vanillezucker einen festen Schnee schlagen.

Ausgekühlten Teigboden mit Marmelade bestreichen, mit Ribiseln bestreuen und mit Schaum bedecken, danach nochmals im Rohr bei ca. 160 °C backen, bis der Schaum eine schöne Farbe hat.

Igel

80 Biskotten
2 Pkg. Schokolade-puddingpulver
1 l Milch
200 g Schokolade
1/2 kg Butter oder Margarine
150 g Staubzucker
Milch und Rum zum Tränken

Pudding zubereiten und Schokolade darin auflösen. Butter mit Staubzucker schaumig rühren und den ausgekühlten Pudding langsam einrühren.

Biskotten in Milch-Rum-Gemisch tunken und leicht oval auf einer Platte auflegen. Eine Schicht Creme daraufstreichen. Abwechselnd eine Reihe mit Biskotten, die in Milch-Rum-Gemisch getunkt wurden, und Creme aufschichten – nach oben hin immer pyramidenförmig schmäler werden, sodass ein Igel entsteht. Die restliche Masse in einen Dressiersack füllen und Stacheln aufspritzen. Als Augen können Rumkugeln oder Kirschen verwendet werden. Anschließend kalt stellen.

Ameisenkuchen

6 Eier, getrennt
250 g Zucker
1 EL Vanillezucker
1 EL Backpulver
250 g Mehl
1/8 l Eierlikör
1/2 Pkg. Schokoladestreusel

Dotter und Zucker schaumig rühren, dann den Eierlikör dazugeben. Aus Eiklar einen festen Schnee schlagen. Mehl und Schnee abwechselnd in Dottermasse rühren. Zum Schluss die Schokoladestreusel einrühren.

In befetteter, bemehlter Gugelhupfform oder in einem Wandl (Kastenform) bei 160 °C ca. 50 Minuten backen.

Rote Rüben-Torte

ca. 200 g rote Rüben
5 Eier, getrennt
100 g Honig
200 g geriebene Mandeln
1 Prise Nelkenpulver
100 g Dinkel- oder Weizenvollkornmehl
evtl. 1 EL Rum

Glasur:
200–250 g Staubzucker
2 EL Zitronensaft
2 EL Wasser

Die roten Rüben schälen und fein raspeln. Dotter mit dem Honig cremig rühren, nach und nach die geriebenen roten Rüben, die Mandeln, Mehl, Nelkenpulver und nach Geschmack Rum einrühren. Eiklar steifschlagen und vorsichtig unter den Teig heben.

Den Teig in eine befettete Tortenform füllen und im vorgeheizten Backrohr bei 170 °C 50–60 Minuten goldbraun backen.

Den abgekühlten Kuchen mit einer Zitronenglasur überziehen.

Tipp: *Das Aroma dieses Kuchens entfaltet sich langsam – er schmeckt nach 1–2 Tagen besonders gut. Schlagobers dazu servieren.*

Kaffeekuchen

5 Eier, getrennt
350 g Zucker
350 g Mehl
1 EL Backpulver
1 EL Vanillezucker
100 g Nüsse
1/4 lauwarmer schwarzer Kaffee
Staubzucker zum Bestreuen

Aus Eiklar einen festen Schnee schlagen. Aus Eidottern, Zucker, Vanillezucker, Mehl, Backpulver, Nüssen und Kaffee einen Rührteig zubereiten. Eischnee unterheben und in eine ausgebutterte, bemehlte Rehrücken- oder Kranzform gießen. Im vorgeheizten Backrohr bei 160 °C ca. 50 Minuten backen. Erkaltet mit Staubzucker bestreuen.

Christine Rittsteuer stellt sich vor

Ich wurde 1948 in Neusiedl am See im wunderschönen Burgenland geboren. Ich bin verwitwet, habe zwei Kinder und drei Enkelkinder.
Nach meinem Schulabschluss habe ich als Zahnarztassistentin gearbeitet. Durch meine Heirat in sehr jungen Jahren bin ich mit der Landwirtschaft in Berührung gekommen. Meine Schwiegereltern hatten einen gemischten landwirtschaftlichen Betrieb, das bedeutet, einige Weingärten und Felder, und damals in Neusiedl sehr wichtig: „Salatgärten“. Die Salatpflanzen wurden spät im Herbst händisch gesetzt und im Mai des nächsten Jahres geerntet.
Wir haben dann großteils auf Weinbaubetrieb umgestellt. Im Jahr 1975 entschlossen wir uns, ein Heurigenlokal zu bauen – und: Dieser Heurige war mein absolutes „Lieblingskind“. Ich bin mit sehr vielen Menschen in Berührung gekommen, und da Neusiedl ja ein Urlaubsort ist, auch mit sehr vielen Urlaubsgästen. Wir gewannen sehr viele Freunde, mit denen ich heute noch in Kontakt bin.
Im Laufe der Jahre besuchte ich immer wieder Kurse in der Landwirtschaftskammer und ich

hatte großen Spaß daran. So beschloss ich, mich zur Seminarbäuerin ausbilden zu lassen. Seither biete ich selbst verschiedene Kochkurse an, dabei lege ich großen Wert darauf, heimische und saisonale Lebensmittel zu verwenden.

Ich wünsche allen Leserinnen und Lesern viel Spaß beim Backen und vor allem gutes Gelingen!

After-Eight-Schnitten

6 Eiklar
180 g Zucker
40 g glattes Mehl
6 Eidotter
70 g Brösel, mit Rum befeuchtet
120 g Nüsse

Creme:
400 g After Eight
1/2 l Schlagobers
1–2 Pkg. Sahnesteif

Einen Biskuitteig zubereiten und auf einem Backblech bei 180 °C ca. 12 Minuten backen.

Von den After Eight 6 Blättchen übriglassen zum Verzieren.

Die übrigen After Eight mit Schlagobers auf kleiner Flamme unter ständigem Rühren aufkochen, abkühlen lassen und dann über Nacht in den Kühlschrank stellen. Aufmixen und Sahnesteif einmixen.

Den Biskuitboden mit der Creme bestreichen, halbieren und übereinanderlegen. Zum Verzieren die After Eight vierteln und darauflegen.

Tipp: *Man kann die Schnitten auch mit weißer Schokoglasur verzieren.*

Biskottenschnitten mit Beerenfrüchten

1 Pkg. Topfen (20 %)
1 Becher Joghurt
1 Becher Sauerrahm
1 Becher Schlagobers
Saft von 1 Zitrone
100 g Zucker
2 Pkg. Biskotten
6 Blatt Gelatine
Beerenfrüchte, frisch oder tiefgekühlt (geeignet sind Erdbeeren, Himbeeren, Brombeeren, Ribisel)
2 Pkg. Tortengelee

Eine passende rechteckige Form kalt ausspülen. Die Früchte auf dem Boden verteilen und mit dem zubereiteten Tortengelee bedecken.

Für die Creme Topfen, Joghurt, Sauerrahm, Zucker und Zitronensaft gut verrühren, die eingeweichte, aufgelöste Gelatine einrühren und das geschlagene Obers unterheben. Eine Schicht Biskotten auf die Früchte legen und mit Creme bestreichen. Diesen Vorgang so oft wiederholen, bis die Creme aufgebraucht ist. Mit Biskotten, die in etwas Milch getaucht werden, abschließen. Mindestens 1 Tag im Kühlschrank durchziehen lassen.

Die Schnitte mit einem flachen Messer vom Rand lösen, danach vorsichtig aus der Form stürzen.

Apfelgugelhupf

240 g Butter
240 g Zucker
1 Pkg. Vanillezucker
5 Eier, getrennt
240 g feinstes Dinkelvollkornmehl
120 g geriebene Mandeln oder Nüsse
120 g gehackte Schokolade
1 Pkg. Backpulver
2 große geschälte und geriebene Äpfel

Die weiche Butter mit der halben Zuckermenge und dem Vanillezucker schaumig rühren und die Dotter nach und nach beigeben.

Das Eiklar mit dem restlichen Zucker zu einem festen Schnee schlagen.

Die vorbereiteten Äpfel etwas ausdrücken und mit den Mandeln, der Schokolade und dem mit dem Backpulver vermischten Mehl abwechselnd mit dem Schnee in die Schaummasse heben.

Die Masse in die gut ausgebutterte und bebröselte Gugelhupfform geben und im vorgeheizten Rohr bei 170 °C ca. 1 Stunde backen.

Überkühlt aus der Form stürzen und mit Staubzucker bestreuen.

Tipps: *Dieser saftige Gugelhupf schmeckt sehr gut zur Kaffeejause.*
Eilige können diese Apfel-Nuss-Masse auch auf ein mit Backpapier ausgelegtes Blech streichen und ca. 35 Minuten backen. Mit Schokoladeglasur überziehen und fertig sind die saftigen Apfelschnitten.

Apfel-Wein-Torte

Mürbteig:
250 g Mehl
125 g Butter
125 g Staubzucker
1 Ei
1 Pkg. Vanillezucker
1 Pkg. Backpulver

Belag:
1 kg Äpfel, blättrig geschnitten
2 Pkg. Vanillepuddingpulver
3/4 l Weißwein
200 g Zucker
1 Pkg. Vanillezucker

Zum Verzieren:
1/4 l Schlagobers
Zimt oder etwas Eierlikör

Einen Mürbteig herstellen und mindestens 1/2 Stunde rasten lassen.

Währenddessen Vanillepuddingpulver mit Weißwein, Zucker und Vanillezucker kochen.

Mürbteig ausrollen, in eine Tortenform legen und einen Rand rundherum aufziehen. Die geschnittenen Äpfel darauflegen und den überkühlten Pudding darüberstreichen.

Bei 180 °C 70–80 Minuten backen.

Torte in der Form gut auskühlen lassen.

Vor dem Servieren mit geschlagenem Obers bestreichen und entweder mit etwas Zimt bestreuen oder mit Eierlikör begießen.

Tipp: *Man kann auch halb Wein, halb Apfelsaft oder nur Apfelsaft verwenden. Dann weniger Zucker für den Pudding nehmen.*

Birnen-Topfen-Torte

Mürbteig:
150 g Mehl
100 g Butter
50 g Staubzucker
1 Eidotter
1 Pkg. Vanillezucker

Birnencreme:
ca. 500 g gedünstete Birnen
2 cl Birnenbrand
500 g Topfen
120 g Staubzucker
1/4 l Schlagobers
Saft von 1 Zitrone
6–8 Blatt Gelatine

Zum Verzieren:
1/4 l Obers
2 EL Vanillezucker
6 EL geröstete Mandelblättchen
frische oder kandierte Birnenspalten

Einen Mürbteig bereiten und diesen zugedeckt 1 Stunde rasten lassen.

Den Teig anschließend ausrollen und den Boden und den Rand einer Tortenform damit auslegen. Bei 180 °C 20 Minuten backen.

Topfen mit dem Zitronensaft, dem Zucker und dem Vanillezucker glattrühren. Die eingeweichte Gelatine in etwas heißem Birnensaft und -brand auflösen und rasch in die Masse rühren. Das geschlagene Obers unterheben.

Die abgetropften Birnen auf den Mürbteigboden legen. Die Topfenmasse daraufgeben, glattstreichen und mindestens 5 Stunden erstarren lassen.

Mit dem gezuckerten, geschlagenen Obers die Torte bestreichen und mit dem restlichen Obers Rosetten auf die Torte dressieren. Den Tortenrand mit den Mandelblättchen bestreuen. Auf die Rosetten kandierte oder frische Birnenspalten legen.

Zwetschkentorte

Mürbteig:
130 g Mehl
1 TL Backpulver
30 g Zucker
1 Pkg. Vanillezucker
60 g Butter
1 Eidotter

Rührteig:
130 g Butter
100 g Zucker
1 Eidotter
70 g Mehl
70 g Maizena
1 TL Backpulver
etwas abgeriebene Zitronenschale

Belag:
800 g Zwetschken
4 EL Zwetschken-marmelade

Für den Mürbteig das Mehl mit dem Backpulver versieben. Eiskalte Butter in kleinen Stückchen auf dem Mehl verteilen und mit der Hand flott abbröseln. Nun in die Vertiefung den Dotter hineingeben und den Zucker und Vanillezucker am Rand verteilen. Alles rasch zu einem glatten Teig verkneten und zugedeckt 1/2 Stunde kühl rasten lassen.

Den Teig ausrollen und den Boden einer großen Tortenform damit auslegen. Den Teig mit einer Gabel mehrmals einstechen. Bei 180 °C Heißluft ca. 10 Minuten backen.

Den abgekühlten Boden mit Zwetschkenmarmelade bestreichen.

Für den Rührteig Butter und Zucker schaumig rühren. Das Ei dazurühren und die restlichen Zutaten zugeben und diesen Teig auf den vorgebackenen Boden streichen.

Die vorbereiteten halbierten Zwetschken oben und unten nochmals einschneiden, damit schöne Spitzen entstehen. Die Zwetschkenhälften mit zwei Spitzen voran leicht in den Teig drücken, sodass sie schräg aufstehen, Torte damit ganz dicht belegen.

Im Rohr bei ca. 180 °C Heißluft ungefähr 50–60 Minuten backen.

Bischofsbrot (Englischkuchen)

7 Eiklar
7 Eidotter
330 g Butter
130 g Staubzucker
130 g Kristallzucker
360 g glattes Mehl
200 g kandierte Früchte
100 g Walnüsse, grob gehackt
50 g Rosinen
etwas Zitronenschale
1 EL Vanillezucker
1 Prise Salz
Butter zum Ausstreichen
Mehl zum Bestauben
Staubzucker zum Bestreuen

Handwarme Butter mit Staubzucker schaumig rühren, Eidotter nach und nach beigeben. Mehl mit Früchten, Nüssen und Rosinen vermengen. Eiklar und Kristallzucker, Vanillezucker und Salz zu festem Schnee schlagen. Butterabtrieb, Mehl, Früchte und Zitronenschale unter den Schnee mengen, alles gut verrühren, bis die Masse kompakt erscheint. Bischofsbrotwanne ausbuttern, mit Mehl ausstauben und die Masse einfüllen. Im vorgeheizten Backrohr bei 170 °C ca. 1 1/2 Stunden backen, überkühlen lassen, stürzen und mit Staubzucker bestreuen. Kalt aufschneiden.

Kokostorte

225 g Butter
210 g Staubzucker
1 Pkg. Vanillezucker
6 Eier, getrennt
100 g Kokosette
100 g Schokolade, gerieben
150 g griffiges Mehl
1/2 Pkg. Backpulver
6 EL Milch

ca. 1/4 l Schlagobers
1 Pkg. Vanillezucker

Butter, Staubzucker, Vanillezucker und Eidotter schaumig rühren, Kokosette und Schokolade daruntermengen. Mehl mit Backpulver vermischen und Milch einmengen, zum Schluss den Eischnee unterheben. Die Backmasse in eine Tortenform füllen und bei mittlerer Hitze im vorgeheizten Backrohr ca. 1 Stunde backen.

Auskühlen lassen und mit leicht gesüßtem Schlagobers bestreichen und verzieren.

Allerheiligenstriezel

500 g Mehl
20 g Germ
100 g Zucker
75 g Butter
2 Eidotter
1 Pkg. Vanillezucker
1 Prise Salz
etwas geriebene Zitronenschale
1/4 l Milch
50 g Rosinen

1 Eidotter
etwas Milch
evtl. Hagelzucker

Germ mit 1 TL Zucker flüssigrühren. Im Mehl eine Grube machen und den flüssiggerührten Germ hineingeben. Mit Mehl leicht zudecken und an einem warmen Ort gehen lassen, bis an der Oberfläche Risse entstehen.

In der Zwischenzeit Milch erwärmen und restliche Zutaten in der Milch verrühren. Diese Zutaten zum Mehl gießen (wenn das Dampfl gegangen ist) und mit dem Knethaken gut verrühren.

An einem warmen Ort bis zur doppelten Größe aufgehen lassen. Zopf formen, aufgehen lassen, mit Dottermilch bestreichen, evtl. mit Hagelzucker bestreuen.

Im vorgeheizten Rohr bei 180 °C ca. 20 Minuten backen, dann zurückdrehen auf 160 °C. Insgesamt ca. 50 Minuten backen.

Topfenstollen-Kranz

100 g Nüsse
70 g kernige Haferflocken
1 Pkg. Backpulver
130 g Staubzucker
1 Pkg. Vanillezucker
270 g Magertopfen
3 Eier
2 EL Rum
130 g weiche Butter
150 g Rosinen
Marmelade zum Bestreichen
Staubzucker zum Bestreuen

Nüsse grob hacken. Je 1 EL Nüsse und Haferflocken beiseite stellen.

Mehl, Salz, Backpulver, Vanillezucker und Rest Haferflocken mischen. Topfen, Eier, Butter in Flöckchen und Rum dazugeben. Mit dem Knethaken des Mixers gut verrühren. Rosinen und Nüsse einarbeiten. Auf einer bemehlter Arbeitsfläche gut durchkneten. Teig halbieren.

Aus jeder Teighälfte einen ca. 70 cm langen Strang formen. Stränge zur Kordel drehen. Auf einem mit Backpapier belegten Blech zum Kranz legen. Im vorgeheizten Backrohr bei 160 °C ca. 50 Minuten backen.

Marmelade erwärmen, Kranz aus dem Ofen nehmen, mit der Marmelade bestreichen. Die restlichen Nüsse und Haferflocken darüberstreuen und mit Staubzucker bestreuen.

Lebkuchen

200 g Honig
1 Ei
330 g Weizenmehl
10 g Lebkuchengewürz
100 g fein gehackte Trockenfrüchte
50 g Butter
80 g Staubzucker
10 g Natron
160 g Mandeln, gerieben
1/8 l Milch
Marmelade zum Bestreichen
Schokoladeglasur
Zuckerspritzglasur

Honig und Butter erhitzen und abkühlen lassen. Ei mit Staubzucker schaumig rühren. Mehl mit Natron versieben, mit Gewürzen und Mandeln mischen. Trockenfrüchte dazugeben. Alles dickbreiig verrühren und mit dem Mixer schaumig aufschlagen. Teig auf ein mit Backpapier belegtes Blech streichen und bei 220 °C backen.

Nach dem Auskühlen mit Marmelade dünn bestreichen und in kleine Würfel schneiden. Diese mit Schokoglasur überziehen. Nach dem Trocknen mit Zuckerspritzglasur Punkte wie bei den Dominosteinen aufsetzen und nochmals trocknen lassen.

Tipp: *Man kann die Masse im Ganzen mit Schokoglasur überziehen. Erkaltet in Stücke schneiden.*

Orangen-Ölgugelhupf

5 Eier, getrennt
250 g Mehl
250 g Zucker
1/8 l frisch gepresster Orangensaft
1/8 l Öl
Schale von 1 unbehandelten Orange
1 TL Backpulver
1 Pkg. Vanillezucker

Dotter, Zucker, Vanillezucker und Orangensaft sehr schaumig schlagen. Öl nach und nach dazurühren. Orangenzesten, Mehl mit Backpulver und den geschlagenen Schnee unterheben. In eine befettete, bemehlte Gugelhupfform füllen.

Bei 160 °C ca. 1 Stunde backen. Erkaltet mit Staubzucker bestreuen.

Schwedenbombenschnitten

100 g Staubzucker
100 g Butter
100 g geriebene Schokolade
50 g geriebene Nüsse
70 g Mehl
5 Eier, getrennt

Creme:
1/4 l Milch
1 Pkg. Schokopuddingpulver
200 g Zucker
200 g Butter
70 g Kokosette
2 Rippen Kochschokolade

Schokoladeglasur
evtl. Kokosette

Butter mit Zucker schaumig rühren. Die Dotter einzeln dazurühren. Das mit dem Backpulver versiebte Mehl mit der Schokolade, den Nüssen und dem Eischnee vorsichtig unterheben. Den Teig auf ein Backblech streichen und bei 180 °C ca. 35 Minuten backen.

Für die Creme den Pudding kochen, während dem Auskühlen öfters umrühren. Butter mit Zucker schaumig rühren und den erkalteten Pudding, die zerlassene Schokolade und das Kokosette löffelweise unterrühren. Die Creme auf den ausgekühlten Boden streichen und mit Schokoladeglasur überziehen. Eventuell mit Kokosette bestreuen.

Stricknadelkuchen

250 g Zucker
250 g Butter
200 g Mehl
6 Eier, getrennt
1 Pkg. Vanillezucker
1 Pkg. Backpulver

Zum Tränken:
1 Tasse Kaffee
3 EL Benco Kakao
3 Stamperl Rum

Zum Verzieren:
2 Becher Schlagobers
2 Pkg. Sahnesteif
Eierlikör
Schokoladestreusel

Abtrieb aus Butter, Zucker, Vanillezucker und Dotter bereiten. Mehl und Backpulver untermengen. Schnee schlagen und vorsichtig unterheben. Teig in eine befettete rechteckige Kuchenform (45 x 35 cm) füllen und ca. 50 Minuten bei 180 °C backen.

Kaffee mit Kakao und Rum vermischen (Gesamtinhalt sollte 3/8 l ergeben).

Kuchen aus dem Rohr nehmen und in den noch warmen Kuchen mit einer dicken Stricknadel ca. 25 Löcher stechen. In die Löcher das Kaffeegemisch füllen und auskühlen lassen.

Schlagobers mit Sahnesteif schlagen und auf den Kuchen streichen. Mit Eierlikör und Schokostreuseln verzieren.

Zebratorte

6 Eier, getrennt
350 g Feinkristallzucker
370 g glattes Mehl
1 Pkg. Backpulver
1/8 l Öl
1/8 l Wasser
2 EL Kakaopulver

Fülle:
2 Tafeln (à 100 g) Vollmilchschokolade
1 Tafel Zartbitterschokolade
3/4 l Schlagobers

Zum Verzieren:
1/4 l Schlagobers
Schokoflocken

Dotter mit 1/8 l kaltem Wasser und der halben Zuckermenge schaumig rühren. Mehl, Backpulver und Öl langsam unterrühren. Eiklar mit dem restlichen Zucker steifschlagen und löffelweise in den Teig einarbeiten.

Den Teig in zwei Hälften teilen, in eine Hälfte den Kakao rühren. Nun die helle und die dunkle Masse mit einem Esslöffel immer in die Mitte der Springform (26 cm Durchmesser) geben. Im vorgeheizten Backrohr bei 175 °C ca. 1 Stunde backen.

Für die Fülle Schlagobers erwärmen, Schokolade darin schmelzen. Über Nacht kalt stellen. Danach cremig aufschlagen.

Torte zweimal durchschneiden, füllen und auch außen mit der Creme bestreichen. Die Torte mit 1/4 l steifgeschlagenem Obers und Schokoflocken verzieren.

Tipp: *Die Torte schmeckt auch ohne Fülle prima! Und zwar nur mit Schokoglasur überzogen und Schlagobers verziert.*

Schusterstrudel

300 g Fadennudeln
5 Eier, getrennt
etwas Salz
200 g Kristallzucker
500 g Topfen
1 Becher Sauerrahm
2 Pkg. Vanillezucker
evtl. Rosinen
80 g Butter
1 Pkg. Strudelteig

Nudeln in gesalzenem Wasser weichkochen, abseihen und erkalten lassen.

Eiklar mit einer Prise Salz aufschlagen, Zucker beimengen und steifschlagen.

Topfen, Dotter, Sauerrahm und Vanillezucker verrühren, mit den Nudeln und dem Eischnee vermischen.

Eine Pfanne mit Butter ausfetten und die Hälfte des Strudelteiges einlegen. Topfenfülle daraufgeben und mit der zweiten Hälfte des Teiges bedecken. Zerlassene Butter darüberträufeln.

Bei 160 °C ca. 1 Stunde zu goldbrauner Farbe backen.

Nach dem Backen ca. 1/2 Stunde rasten lassen, überzuckern und mit Fruchtsauce servieren.

Vollkornkranz

400 g Weizenvollkornmehl
2 Eier
1 Eidotter
Salz
1/8 l Milch
50 g Butter
30 g Germ
90 g Roh-Rohrzucker
1 Pkg. Vanillezucker
geriebene Zitronenschale

Fülle:
250 g Mohn
1/8 l Milch
4 EL Honig
1 Pkg. Vanillezucker
Zitronenschale
Rum
4 EL Biskuitbrösel

Germ in etwas lauwarmer Milch auflösen, mit Mehl zu einem Dampfl verarbeiten und gehen lassen. Zucker, Vanillezucker, Salz und Butter in der restlichen angewärmten Milch auflösen und mit dem restlichen Mehl, den Eiern, dem Dotter und der Zitronenschale vermengen. Das Dampfl beifügen und alles zu einem glatten Teig verarbeiten. 1/2 Stunde gehen lassen.

Für die Fülle die Milch mit Honig und etwas Vanillezucker aufkochen. Mohn, Biskuitbrösel, Zitronenschale und Rum beifügen und erkalten lassen. Eine Ringkuchenform mit Butter ausstreichen.

Den Teig ausrollen, die Fülle daraufstreichen, zu einem Strudel einrollen und in die Form legen.

1/2 Stunde gehen lassen und bei 180 °C ca. 50 Minuten backen.

Mit Staubzucker bestreuen und servieren.

Lambada-Schnitten

Biskuit:
6 Eier
140 g Zucker
140 g Mehl

Creme:
1 l Orangensaft, 100 %
6 EL Zucker
2 Pkg. Vanille-puddingpulver
3 Eiklar
180 g Zucker
2 Blatt Gelatine

Schlagobers zum Verzieren

Biskuit zubereiten und auf ein Blech streichen. Bei 190 °C Ober- und Unterhitze ca. 20 Minuten backen.

Orangensaft mit Zucker und Vanillepuddingpulver kochen, auskühlen lassen.

Eiklar mit Zucker über Dunst schlagen und in den ausgekühlten Pudding einheben. Aufgelöste Gelatine dazugeben. Pudding über den Biskuitboden gießen.

Ausgekühlt mit Schlagobers verzieren.

Tipp: *Man kann die Puddingoberfläche noch mit Biskotten belegen.*

Marillenkuchen

6 Eier, getrennt
6 eischwer Staubzucker
6 eischwer Butter
6 eischwer Mehl
1 Pkg. Vanillezucker
etwas Backpulver
ca. 800 g Marillen

Weiche Butter mit dem Zucker verrühren, die Dotter nacheinander dazugeben und weiterrühren, bis die Masse schaumig ist. Mehl und Backpulver sieben, Eiklar zu Schnee schlagen und beides unter die Schaummasse heben. Den Teig auf ein Backblech streichen, mit Marillenhälften belegen und bei 170 °C ca. 40 Minuten backen.

Tipp: *Statt der Marillen kann man den Teig auch mit gemischten Beeren belegen. Schmeckt beerig!*

Erdbeerroulade in der Kastenform

Biskuit:
4 Eier
100 g Zucker
100 g Mehl
2 EL Wasser

Fülle:
1 Pkg. Topfen
3 EL Staubzucker
1 Pkg. Vanillezucker
1/2 l Schlagobers
6 Blatt Gelatine
350 g Erdbeeren

Biskuit zubereiten, dünn auf ein Backblech streichen und bei 180 °C ca. 12 Minuten backen.

Gelatine in kaltem Wasser einweichen. Topfen mit Zucker und Vanillezucker gut verrühren. Obers schlagen. Gelatine ausdrücken und in etwas warmem Wasser auflösen, in die Topfenmasse geben und geschlagenes Obers unterheben.

Abgekühlten Biskuit in eine mit Backpapier ausgelegte Kastenform geben. Die Creme schichtweise mit den ganzen Früchten in die Form füllen. Mit restlichem Biskuit oben zudecken und kalt stellen. Roulade stürzen, Backpapier abziehen und mit Staubzucker bestreuen.

Tipp: *Es eignet sich auch anderes Obst für diese köstliche Roulade.*

Zwetschkenschnitten mit Topfen

Teig:
280 g Mehl
180 g Butter
120 g Staubzucker
2 Eidotter

Fülle:
ca. 800 g entkernte Zwetschken
250 g Topfen
160 g Staubzucker
6 Eier, getrennt
120 g Kristallzucker
1 Pkg. Vanillezucker
etwas Zitronenschale
150 g geriebene Biskotten oder Brösel-Nuss-Mischung

Für den Mürbteig Mehl und Butter verbröseln und dann mit dem Staubzucker und den Dottern rasch zu einem glatten Teig verarbeiten. Anschließend zugedeckt 1/2 Stunde an einem kühlen Ort rasten lassen.

In der Größe des Backbleches dünn ausrollen und bei 180 °C (Heißluft) ca. 6 Minuten vorbacken. Mit den Zwetschkenhälften belegen.

Dotter, Zucker und Vanillezucker schaumig rühren und den Topfen, die Brösel und die übrigen Zutaten untermengen. Den mit Kristallzucker steifgeschlagenen Schnee unter die Masse ziehen. Die Zwetschken damit bestreichen und im vorgeheizten Rohr bei 180 °C (Heißluft) ca. 45 Minuten goldgelb backen.

Kürbistarte mit Schafkäse und Schinken

Teigboden:
200 g glattes Mehl
120 g Butter
2 EL kaltes Wasser
1 Prise Salz

Belag:
600 g Kürbis
1 große Zwiebel
2 Knoblauchzehen
ca. 3 EL Öl
2–3 kleine rote Pfefferoni
100 g Schinkenspeck
150 g Schafkäse (Feta)
3 EL Kürbiskerne
Salz, Pfeffer
Rosmarin

Überguss:
2 Eier
150 g Sauerrahm
Salz, Pfeffer

Mehl mit zerkleinerter Butter und Salz verbröseln, mit Wasser zu einem geschmeidigen Teig kneten. Teig zugedeckt etwa 30 Minuten rasten lassen.

Kürbis schälen, entkernen und grob raspeln, mit ca. 1 TL Salz vermischen und ziehen lassen.

Zwiebel und Knoblauch schälen und kleinwürfelig schneiden. Pfefferoni in Ringe schneiden. In einer Pfanne Zwiebel- und Knoblauchwürfel in Öl etwa 5 Minuten anschwitzen. Kürbis ausdrücken, zu den Zwiebeln geben und kurz anbraten, Pfefferoni einrühren, mit Salz, Pfeffer und Rosmarin würzen und dann auskühlen lassen. Speck in feine Streifen und den Käse würfelig schneiden.

Teig ausrollen und die Tarteform damit auslegen. Gemüse auf dem Teigboden verteilen, mit Schinken und Käse bestreuen. Eier mit Sauerrahm verquirlen, salzen und pfeffern und über das Gemüse gießen. Tarte mit Kürbiskernen bestreuen und im vorgeheizten Rohr bei 180 °C etwa 40 Minuten backen.

Tipp: *Für eine fleischlose Kürbistarte wird einfach der Schinken weggelassen.*

Steiermark

Johanna Aust stellt sich vor

„Lassen wir etwas Lockerheit, Vielfalt und Kreativität in den harten Alltag einziehen."

Unter diesem Motto habe ich gemeinsam mit meiner Familie immer wieder die Anforderungen des Alltages gemeistert. Neue Themen, Arbeitsabläufe und Gewohnheiten der Umgebung sind für mich und meine Familie eine Aufforderung, nach neuen Lösungen und Wegen zu suchen.

Ein neuer Weg für die Weiterentwicklung meines größten Hobbys – „Leben von Lebensmitteln aus dem eigenen Garten, der Region und der Jahreszeit entsprechend" – war die Ausbildung zur Seminarbäuerin. Von dieser Ausbildung und der Zusammenarbeit mit dem bekannten Koch Willi Haider motiviert, leite ich mehrere Koch- und Backkurse. In diesen Kursen versuche ich, eine leidenschaftliche Botschafterin für das „Selber Kochen und Backen mit regionalen und saisonalen Lebensmitteln" zu sein. Meine Erfahrung, Tipps und Tricks möchte ich gerne weitergeben, damit viele Menschen wieder mehr Spaß beim Kochen und Backen haben. Mit gelungenen Köstlichkeiten macht man sich und seinen Lieben eine Freude.

Eine Freude für mich ist es auch, an der Gestaltung dieses Kochbuches mitzuarbeiten. Dadurch habe ich die Möglichkeit, meine erprobten Rezepte an Sie, liebe Leserinnen und Leser, weiterzugeben. Die Feste soll man feiern, wie sie fallen, und dazu gehört etwas Süßes aus diesem Rezeptbuch. Ich wünsche Ihnen viel Spaß beim Ausprobieren der Rezepte und gutes Gelingen!

Kardinalschnitten

Biskuitmasse:
2 Eier
3 Eidotter
60 g Zucker
60 g Mehl

Baisermasse:
6 Eiklar
180 g Zucker

Fülle:
500 ml Schlagobers
2 EL Wasser
2–3 Blatt Gelatine
etwas löslicher Kaffee

Aus den Eiern, Dottern, Zucker und Mehl einen Biskuitteig bereiten. Für die Baisermasse die Eiklar steifschlagen, den Zucker einschlagen (bis sich der Zucker aufgelöst hat).

Den Eischnee in einen Spritzsack mit Sterntülle füllen und drei Streifen mit etwas Zwischenraum auf ein mit Backpapier belegtes Backblech dressieren, etwas Abstand halten und noch einmal drei Streifen aufdressieren. Die Dottermasse in einen Spritzsack mit glatter Tülle füllen und die Zwischenräume (zwischen den Eischneestreifen) ausfüllen, mit etwas Staubzucker bezuckern. Im vorgeheizten Rohr bei 160 °C ca. 30–40 Minuten backen. Aus dem Rohr nehmen, stürzen und vorsichtig das Papier abziehen, zurückdrehen und auskühlen lassen.

Für die Fülle den Löskaffee im Wasser auflösen und etwas erwärmen, die Gelatine in kaltem Wasser einweichen, ausdrücken und im handwarmen Kaffee auflösen. Schlagobers aufschlagen, (nicht zu fest) evtl. etwas Staubzucker einrühren, 3 EL vom Schlagobers in die Gelatinemasse geben und glattrühren, jetzt diese Masse zum übrigen Schlagobers geben und vorsichtig einheben.

Die Kaffee-Obers-Masse auf eine Teigplatte streichen und die zweite Platte aufsetzen, den Rand glattstreichen und alles kühl stellen.

Apfelkuchen

Mürbteig:
500 g Mehl
200 g Butter
200 g Staubzucker
2 Eier
1 Pkg. Vanillezucker
Marillenmarmelade zum Bestreichen
1 Ei zum Bestreichen
gehobelte Mandeln zum Bestreuen

Fülle:
500 g Äpfel
120 g Staubzucker
1 Pkg. Vanillezucker
etwas Rum
etwas Zitronensaft

Aus allen Teigzutaten einen Mürbteig bereiten, in Frischhaltefolie wickeln und kühl stellen.

Die Äpfel schälen, blättrig schneiden, mit Zitronensaft marinieren und mit Staubzucker, Vanillezucker und Rum würzen, kurz dünsten und auskühlen lassen.

Den Mürbteig halbieren, eine Hälfte des Teiges auf Backpapier so groß wie das Backblech ausrollen und im vorgeheizten Backrohr bei 170 °C vorbacken. Aus dem Rohr nehmen, mit Marmelade bestreichen und die Äpfel darauf verteilen.

Den restlichen Teig auf der Arbeitsfläche ausrollen, Streifen von 1 cm Breite schneiden und gitterförmig auf die Äpfel legen. Das Gitter mit Ei bestreichen und mit den Mandelblättchen bestreuen, bei 180 °C ca. 20 Minuten backen, auskühlen lassen und mit Staubzucker bestreut servieren.

Heidenmehltorte

6 Eier, getrennt
140 g Staubzucker
1 Pkg. Vanillezucker
50 g Schokolade, gerieben
70 g Heidenmehl (Buchweizenmehl)
Preiselbeermarmelade
Staubzucker zum Bestreuen oder Schokoladeglasur

Eiklar mit einer Prise Salz zu steifem Schnee schlagen. Dotter mit Zucker und Vanillezucker schaumig schlagen, den Eischnee mit der Schokolade und dem Heidenmehl unter die Dottermasse heben, in die vorbereitete Tortenform geben, glattstreichen und bei 180 °C im vorgeheizten Rohr backen (Nadelprobe).

Auskühlen lassen, aus der Form nehmen, einmal durchschneiden, mit Preiselbeermarmelade füllen und mit Staubzucker bestreuen oder mit Schokoladeglasur glasieren.

Variante als Roulade:
Die Masse auf ein mit Backpapier belegtes Backblech streichen, bei 200 °C Ober- und Unterhitze backen, aus dem Rohr nehmen, auf ein Backpapier stürzen, vorsichtig das Papier abziehen und mit dem unterlegten Backpapier einrollen und so auskühlen lassen. Die Rolle muss vollständig ausgekühlt sein, dann erst mit Marmelade einstreichen und aufgeschlagenes Obers von 1/4 l aufstreichen und vorsichtig einrollen, mit Staubzucker bestreuen.

Variante mit Pariser Creme:
Für die Pariser Creme 1/2 l Obers mit 500 g Kochschokolade zum Kochen bringen, Schokolade auflösen lassen. Creme abkühlen lassen, aufschlagen und die Torte damit füllen und einstreichen.

Joghurt-Früchte-Torte

Biskuitmasse:
4 Eier, getrennt
120 g Kristallzucker
1 Pkg. Vanillezucker
80 g Mehl

Fülle:
500 ml Joghurt
500 ml Schlagobers
1 Pkg. Vanillezucker
etwas Zitronensaft
Staubzucker nach Geschmack
10 Blatt Gelatine

Marillenmarmelade zum Bestreichen
Obst zum Belegen
Tortengelee zum Überziehen der Früchte

Eiklar mit etwas Zucker zu Schnee aufschlagen, die Dotter mit dem restlichen Zucker schaumig schlagen, das Mehl und den Eischnee in den Dotterschaum heben, den Boden der Tortenform mit Backpapier belegen und den Tortenreif darüberklemmen. Den Biskuitteig einfüllen, bei 180 °C im vorgeheizten Rohr backen, auskühlen lassen.

Für die Fülle die Gelatine in kaltem Wasser einweichen, das Schlagobers aufschlagen, Joghurt, Zitronensaft und Staubzucker einrühren. Die Gelatine in etwas Wasser oder Rum auflösen, 2 EL von der Joghurtmasse in die Gelatine rühren, (so wird diese abgekühlt), jetzt diese Masse zur restlichen Joghurtmasse geben und gut einrühren.

Die ausgekühlte Biskuittorte einmal durchschneiden, eine Tortenplatte in die Tortenform legen, die Joghurtmasse einfüllen, die zweite Tortenplatte darauflegen, mit Frischhaltefolie abdecken und kühl stellen (einige Stunden).

Die Torte mit Marillenmarmelade bestreichen, mit Früchten nach Saison belegen und mit Tortengelee überziehen.

Karotten-Nuss-Kuchen im Glas

5 Eier
150 g Staubzucker
1 Pkg. Vanillezucker
1 Prise Salz
200 g Karotten, fein geraffelt
etwas Zitronensaft
100 g Walnüsse, gerieben

etwas Zimt
50 g Mehl
Saft von 1/2 Zitrone

Die Karotten fein raffeln und mit Zitronensaft marinieren, damit sie nicht braun werden. Eier trennen, Eiklar und Zimt sehr schaumig rühren, den Eischnee und das mit Nüssen vermischte Mehl in die Dottermasse heben.
Den Teig in Sturzgläser (Einmachgläser, aber ohne Deckel verwenden; siehe auch Tipp) gleichmäßig verteilen und im vorgeheizten Backrohr bei 180 °C ca. 20 Minuten backen. Wichtig dabei: Die Gläser in ein tiefes Backblech mit Wasser stellen.

Tipp: *Es gibt zwei Arten, diesen köstlichen Kuchen zu essen: entweder aus dem Glas (dann braucht man die Gläser vor dem Einfüllen des Teiges nicht zu befetten), oder man stürzt ihn auf Dessertteller (in diesem Fall die Gläser befetten und bezuckern). Dazu passen karamellisierte Äpfel oder Birnen.*

Topfenkuppel

2 Biskuitrouladen mit je:
4 Eier
120 g Zucker
80 g Mehl
1 Pkg. Vanillezucker
Marillenmarmelade
zum Füllen

Fülle:
500 g Topfen
500 ml Schlagobers
1 Pkg. Vanillezucker
Staubzucker nach
Geschmack
etwas Zitronensaft
10 Blatt Gelatine
etwas Rum zum
Auflösen der Gelatine

Aus allen Zutaten einen Biskuitteig bereiten, auf ein mit Backpapier belegtes Backblech streichen und im vorgeheizten Backrohr bei Ober- und Unterhitze bei 200 °C backen. Nach dem Backen das Papier abziehen, mit Marmelade bestreichen und einrollen. Zweite Biskuitroulade bereiten.

Für die Fülle zunächst die Gelatineblätter in kaltem Wasser einweichen. Topfen mit Staubzucker, Vanillezucker und Zitronensaft glattrühren, Schlagobers aufschlagen, in die Topfenmasse einheben. Die etwas ausgedrückte Gelatine im leicht erwärmten Rum auflösen, 3 EL von der Topfenmasse in die Gelatine einrühren, jetzt die abgekühlte Gelatine in die Topfenmasse einrühren.

Die Biskuitroulade in dünne Scheiben aufschneiden. Eine große Schüssel, die mit Frischhaltefolie ausgekleidet ist, mit Rouladenscheiben dicht auslegen, die Topfenfülle hineingeben und glattstreichen. Mit den restlichen Rouladenscheiben belegen, mit Frischhaltefolie abdecken und einige Stunden kühl stellen (evtl. über Nacht).

Die Kuppel auf einen Tortenteller stürzen und wie eine Torte aufschneiden.

Marmorkuchen

4 Eier, getrennt
250 g Kristallzucker
125 ml Rapsöl
125 ml Wasser
1 Pkg. Vanillezucker
250 g Mehl
1/2 Pkg. Backpulver
ca. 2 EL Kakaopulver

Eiklar und ein Drittel des Zuckers zu steifem Schnee aufschlagen. Den Eischnee in zwei Schüsseln zu ein bzw. zwei Dritteln aufteilen. Die Dotter mit restlichem Zucker, Vanillezucker, Wasser und dem Öl sehr schaumig rühren, Mehl mit Backpulver vermischen und in die Dotterschaummasse rühren, die zwei Drittel vom Eischnee einheben. Jetzt die Dotterschaummasse halbieren und eine Hälfte zum restlichen Schnee geben, das Kakaopulver darübersieben und eine Prise Backpulver darüberstreuen und vorsichtig mit der Schneerute den Schnee einheben. Die Teige abwechselnd in die befettete und mit Mehl bestreute Gugelhupf- oder Kastenform füllen, mit einem Holzspieß einige Male hin- und herziehen (marmorieren) und im vorgeheizten Backrohr bei 160–170 °C backen (Nadelprobe).

Tipp: *Der Kuchen eignet sich hervorragend zum Einfrieren.*

Kürbiskerntorte

8 Eier
200 g Kristallzucker
1 Pkg. Vanillezucker
200 g Kürbiskerne, gerieben und geröstet
80 g Semmelbrösel
1/2 TL Zimt
etwas Rum
Ribiselmarmelade zum Bestreichen
Staubzucker zum Bestreuen

Zuerst die Kürbiskerne reiben und in einer Pfanne ohne Fett vorsichtig rösten, auf der Arbeitsfläche ausbreiten und auskühlen lassen. Die Eier trennen, aus dem Eiklar und der halben Zuckermenge einen steifen Schnee bereiten. Für die Dottermasse den restlichen Zucker und den Vanillezucker mit den Eidottern schaumig aufschlagen. Die ausgekühlten Kürbiskerne, Zimt, Brösel und Rum verrühren und in die Dottermasse heben, jetzt den Eischnee vorsichtig einheben. Den Teig in die vorbereitete Tortenform füllen, bei 170 °C im vorgeheizten Rohr ca. 40 Minuten backen (Nadelprobe), etwas auskühlen lassen, aus der Form nehmen und vollständig auskühlen lassen.

Einmal durchschneiden, mit Ribiselmarmelade füllen, wieder zusammensetzen und mit Staubzucker bestreuen.

Variante:

Die Torte mit Marmelade auch rundherum einstreichen und mit Schokoglasur überziehen, beliebig verzieren.

Topfen-Erdäpfelkuchen

300 g Mehl
180 g Butter
70 g Staubzucker
etwas Vanillezucker
1 Pkg. Backpulver
2 Eier

Fülle:
400 g mehlige Erdäpfel, gekocht und durch eine Erdäpfelpresse gedrückt
2 Eier, getrennt
250 g Topfen
300 g Staubzucker
Schale von 1 unbehandelten Zitrone
1 Pkg. Vanillezucker
etwas Rum

Aus Mehl, Butter, Staubzucker, Vanillezucker, Backpulver und den Eiern einen Mürbteig bereiten, kühl stellen.

Für die Fülle alle Zutaten bis auf das Eiklar gut durchmischen, den Eischnee vorsichtig unterheben.

Den Mürbteig halbieren und jede Hälfte auf einem Backtrennpapier zu einem Rechteck ausrollen, eine Platte auf das Backblech geben, Fülle darauf verstreichen, zweite Teigplatte darauflegen, mit Ei bestreichen, im vorgeheizten Backrohr bei 180 °C ca. 50 Minuten backen.

Den Kuchen auskühlen lassen und aufschneiden.

Tipp: *Dazu passt hervorragend eine Beerensauce: 250 g Beeren, frisch oder tiefgefroren, passieren, mit Staubzucker und Zitronensaft marinieren, evtl. mit etwas Stärkemehl eindicken.*

Obstkuchen

250 g Butter
250 g Staubzucker
5 Eier
1 Pkg. Vanillezucker
250 g Mehl
2 TL Backpulver
Obst nach Saison (Kirschen, Marillen, Äpfel, ...)

Butter und Zucker sehr cremig aufschlagen, die Eier einzeln dazugeben und weiterschlagen. Mehl mit Backpulver vermischen und einrühren. Teig auf ein mit Backpapier belegtes Backblech streichen, mit Obst dicht belegen und im vorgeheizten Rohr bei 160 °C nicht zu dunkel backen.

Schneewittchentorte

4 Eier, getrennt
100 g Butter
50 g Staubzucker
1 Prise Salz
Zimt
1 Pkg. Vanillezucker
100 g Kristallzucker
150 g Mohn, gemahlen
70 g Walnüsse, gerieben

Topfenfülle:
250 g Topfen
100 g Staubzucker
1 Pkg. Vanillezucker
250 ml Schlagobers
6 Blatt Gelatine
etwas Rum

Himbeerspiegel:
250 g Himbeeren
70 g Staubzucker
3 Blatt Gelatine
etwas Rum

Eiklar mit Kristallzucker steifschlagen, einen Abtrieb aus Butter, Staubzucker, Dotter und Salz schaumig aufschlagen, Mohn, Nüsse und Zimt vermischen und mit dem Eischnee unter die Dottermasse heben. Den Boden der Tortenform mit Backpapier belegen und im Tortenring befestigen, den Teig einfüllen. Glattstreichen und im vorgeheizten Backrohr bei 180 °C ca. 40 Minuten backen. Den Kuchen aus der Form nehmen und auskühlen lassen.

Für die Fülle den Topfen mit Staubzucker und Vanillezucker glattrühren, das Obers aufschlagen und unterheben. Die Gelatine in kaltem Wasser einweichen, den Rum etwas erwärmen und die ausgedrückte Gelatine darin auflösen, 2 EL von der Topfenmasse in die Gelatine geben, glattrühren und jetzt die Gelatinemasse zur Topfenfülle geben und unterheben (die Gelatine wird so abgekühlt und kann gleichmäßig in die Masse gerührt werden, ohne zuvor zu stocken).

Den Mohnkuchen wieder in die Tortenform geben, die Topfenmasse darauf verteilen und kühl gestellt festwerden lassen.

Die Himbeeren mit Staubzucker aufkochen und durch ein Sieb streichen. Die Gelatine in kaltem Wasser einweichen, zu der etwas überkühlten Himbeersauce geben und auflösen, mit Rum abschmecken und abkühlen lassen. Auf die feste Topfenmasse verteilen und erstarren lassen.

Variante:
Als Blechkuchen zubereiten, dafür die doppelte Menge verwenden.

Woher der Name der Torte kommt:
Im Märchen hat Schneewittchen Haare so schwarz wie Ebenholz, eine Haut so weiß wie Schnee und Lippen so rot wie Blut.

Kaffee-Nuss-Torte

7 Eier, getrennt
7 EL Feinkristallzucker
1 Pkg. Vanillezucker
1/16 l Rapsöl
6 EL Haselnüsse, gerieben
4 EL Mehl
1/2 Pkg. Backpulver
etwas Zimt

Fülle:
150 ml Kaffee
1/2 Pkg. Vanillepuddingpulver
250 g Butter
ca. 200 g Staubzucker
1 Pkg. Vanillezucker
Biskotten
schwarzer Kaffee
etwas Rum

Marmelade zum Bestreichen
Glasur
geriebene Nüsse
Schoko-Kaffeebohnen zum Verzieren

Eiklar zu steifem Schnee schlagen, Zucker und Vanillezucker einschlagen, die Dotter dazuschlagen, das Öl einlaufen lassen und noch etwas weiterschlagen. Mehl mit Backpulver und den Nüssen vermischt in die Dotterschaummasse einheben. Den Teig in die vorbereitete Tortenform füllen und glattstreichen, im vorgeheizten Backrohr bei 180 °C 35–40 Minuten backen (Nadelprobe).

Für die Fülle aus Kaffee und Puddingpulver einen Pudding kochen, auskühlen lassen. Die Butter und den Zucker sehr schaumig rühren und den Kaffeepudding löffelweise einschlagen.

Die ausgekühlte Torte 2-mal durchschneiden.

Das obere Tortendrittel als Bodenplatte verwenden, dünn mit Creme einstreichen, die Biskotten in ein Gemisch aus Kaffee und Rum tauchen und den Tortenboden damit dicht belegen, wieder etwas von der Kaffeecreme darüberstreichen, die zweite Tortenplatte daraufsetzen, diese auch mit Creme bestreichen und die dritte Platte aufsetzen, schauen, ob die Torte eben ist (wenn nötig, kurz mit einer Platte beschweren). Die Tortenoberfläche mit Marmelade dünn bestreichen und mit Schokolade- oder Kaffeeglasur glasieren, mit einem Teil der restlichen Creme den Rand der Torte dünn einstreichen und mit geriebenen Nüssen bestreuen. Wenn die Glasur fest geworden ist, mit dem Rest der Creme nach Belieben dekorieren und mit Schokobohnen belegen.

Walnusstorte

8 Eier
240 g Zucker
1 Pkg. Vanillezucker
etwas Zimt
160 g Walnüsse
50 g Mehl

Fülle:
250 g Butter
150–180 g Staubzucker
1 Pkg. Vanillezucker
100 g Rohmarzipan
150 ml Milch
1/2 Pkg. Vanillepuddingpulver

Glasur:
200–250 g Staubzucker
2 EL Zitronensaft
2 EL Wasser

Nuss- oder Mandellikör zum Tränken der Tortenböden
100 g Rohmarzipan zum Ausrollen
halbe Walnüsse oder geriebene Nüsse zum Dekorieren

Die Eier mit Zucker und Vanillezucker sehr schaumig schlagen, Mehl mit Nüssen und Zimt vermischen und unter die Schaummasse heben. Den Teig in eine am Boden mit Backpapier ausgelegte Tortenform streichen und im vorgeheizten Rohr bei 170 °C auf mittlerer Schiene ca. 50 Minuten backen, auskühlen lassen. Nach dem Erkalten zweimal durchschneiden.

Für die Fülle aus Milch und Puddingpulver einen Pudding kochen und auskühlen lassen. Inzwischen die Butter mit Zucker und Vanillezucker schaumig rühren, den Marzipan dazuschneiden und glattrühren. Den kühlen Pudding löffelweise einrühren.

Etwas von der Creme auf den ersten, mit Likör getränkten Tortenboden streichen, mit der ausgerollten Marzipanplatte belegen und wieder etwas Creme darauf verstreichen, die zweite Tortenplatte aufsetzen, mit dem zweiten Drittel der Creme bestreichen und mit der dritten, ebenfalls getränkten Tortenplatte abdecken.

Die Tortenoberfläche dünn mit Marillenmarmelade einstreichen und mit einer Zitronenglasur glasieren. Den Rand der Torte mit der restlichen Creme einstreichen, mit einer zackigen Teigkarte schöne Streifen in den Rand ziehen und am unteren Rand der Torte halbe Nüsse aufsetzen oder den Rand mit geriebenen Nüssen bestreuen.

Schokoladekrapferl

3 Eier
150 g Zucker
1 Pkg. Vanillezucker
125 ml Rapsöl
250 ml Sauerrahm
150 g Mehl
120 g Kakao (Instant)
120 g Haselnüsse, gerieben
1 Pkg. Backpulver

Fülle:
250 ml Schlagobers
1 Pkg. Qimiq
125 g Schokolade nach Belieben

Schokoladeglasur

Eier mit Zucker und Vanillezucker cremig aufschlagen, das Öl einlaufen lassen und weiterschlagen. Mehl mit Backpulver, den Nüssen und dem Kakao vermischen und mit dem Sauerrahm in die Eiermasse einrühren (alles mit dem Handmixgerät).

Das Backrohr auf 170 °C vorheizen, den Teig auf ein mit Backpapier belegtes Backblech streichen und auf Sicht backen.

Auskühlen lassen, mit einem runden Ausstecher Scheiben ausstechen.

Für die Fülle Qimiq mit der Schneerute glattrühren, die Schokolade im Wasserbad schmelzen, kurz überkühlen lassen. Das Schlagobers aufschlagen. Die Schokolade ins Qimiq einrühren, Schlagobers einheben, zugedeckt kurz kühl stellen und erstarren lassen. Creme in einen Spritzbeutel mit großer Sterntülle füllen und Tupfen auf die ausgestochenen Kuchenscheiben dressieren.

Schokoladeglasur im Wasserbad schmelzen, überkühlen lassen (Glasur darf nicht zu warm sein, da sonst die Schokocreme zerläuft). Die Krapferl damit glasieren, wiederum kühl stellen, Glasur festwerden lassen. Die fertigen Krapferl in Papierformen setzen.

Tipp: *Gehackte Pistazien oder Haselnusskrokant zur Fülle geben, evtl. auch nach dem Glasieren die Krapferl damit bestreuen.*

Rhabarber-Mohn-Kuchen

400 g Rhabarber
4 Eier
250 g Zucker
200 ml Öl
200 ml Orangensaft
300 g Mehl
1 Pkg. Backpulver
50 g gemahlener Mohn
50 g Mandelblättchen
Staubzucker zum Bestreuen

Rhabarber schälen und in kleine Stücke schneiden.

Eier mit Zucker schaumig schlagen, Öl und Orangensaft langsam zugeben. Mehl mit Backpulver vermischen und rasch unterrühren. Die Hälfte des Teiges in die vorbereitete Form geben und im vorgeheizten Backrohr (Heißluft 180 °C) 15 Minuten vorbacken.

Restlichen Teig mit Mohn, Mandelblättchen und Rhabarberstücken gut vermischen, auf dem vorgebackenen Boden verteilen. Kuchen ca. 35 Minuten fertig backen.

Ausgekühlt mit Staubzucker bestreuen.

Rehrücken (Schneller Becherkuchen)

1 Becher Kristallzucker
3 Eier
1 Pkg. Vanillez[illegible]er
1/2 Becher Ra[illegible] Öl
1 Becher Sau[illegible]m Sauer
1 Be[illegible]eri[illegible]
[illegible]
[illegible]nstant)
[illegible] Mehl Mehl
1 [illegible] Backpulver
Schokoladeglasur
Mandelstifte oder
Walnüsse

Eier, V[illegible]illezucker und Zucker sehr schaumig schlagen, das Öl einlaufen lassen und weiterschlagen. Den Sauerrahm einrühren, die restlichen [illegible]utaten mischen und auch einheben. Rehrückenform befetten und bemehlen, den Teig einfüllen, glattstreichen und im vorgeheizten Backrohr bei 160 °C backen (Nadelprobe machen).

Den Kuchen auskühlen lassen, mit Marillenmarmelade einstreichen und mit Schokoladeglasur (aus Kochschokolade und Butter) glasieren und mit Mandelstiften oder Walnüssen verzieren.

[illegible] [illegible]

[illegible] Nüsse

Schokomousse-Kürbiskerntorte

Biskuitboden:
4 Eier, getrennt
120 g Kristallzucker
50 g Dinkelvollmehl
50 g Kürbiskerne, gerieben und geröstet

Dunkle Creme:
250 ml Schlagobers
1 Pkg. Qimiq
150 g Schokolade

Helle Creme:
250 ml Schlagobers
1 Pkg. Qimiq
150 g weiße Schokolade
evtl. 2 EL Kürbiskernöl

Staubzucker zum Bestreuen
oder
Schokoglasur, geriebene Kürbiskerne

Eiklar mit Kristallzucker zu Schnee schlagen, Dotter unterrühren, Mehl mit Kürbiskernen vermischen und unter die Dottermasse heben. Den Boden der Tortenform mit Backpapier belegen und in den Tortenreif spannen, den Teig einfüllen und glattstreichen, im vorgeheizten Backrohr bei 180 °C ca. 15 Minuten backen und auskühlen lassen, einmal durchschneiden.

Für die dunkle Creme Schokolade im Wasserbad erwärmen, Schlagobers aufschlagen. Qimiq glattrühren, die überkühlte Schokolade einrühren und das Schlagobers einheben. Auf den unteren Tortenboden streichen und kühl stellen (damit die Schokomasse erstarren kann).

Für die helle Creme weiße Schokolade im Wasserbad erweichen, Schlagobers aufschlagen. Qimiq glattrühren. Die überkühlte Schokolade, evtl. Kernöl und Qimiq verrühren und Schlagobers einheben, auf die dunkle Schokoschicht der Torte verstreichen, Tortenplatte daraufsetzen. Nochmals kühl stellen.

Die Torte bezuckern oder mit Schokoglasur überziehen und den Rand mit geriebenen Kürbiskernen bestreuen.

Variante: *Den Tortenboden nicht durchschneiden, sondern die helle und die dunkle Schokomasse aufstreichen, erstarren lassen, evtl. mit Minischokoküssen und Schokostreuseln verzieren.*

Schwarzwälder Kirschtorte

7 Eier, getrennt
7 EL Feinkristallzucker
etwas Vanillezucker
1/16 l Rapsöl
7 EL Mehl
1/2 Pkg. Backpulver
3 EL Kakao, gesiebt
1 EL Nüsse, gerieben

Fülle:
500 ml Schlagobers
1 Glas Kirschenkompott
Kirschrum
2 Pkg. Sahnesteif

Zum Einstreichen und Dekorieren:
250 ml Schlagobers (evtl. etwas mehr)
1 Pkg. Sahnesteif
Schokospäne
Amarenakirschen zum Belegen

Eiklar zu steifem Schnee aufschlagen, Zucker einschlagen, wenn sich der Zucker aufgelöst hat, die Dotter langsam einrühren, das Öl einlaufen lassen, noch etwas weiterschlagen, Mehl, Backpulver, Kakao und Nüsse vermischen und in die Schaummasse einheben, den Teig in eine vorbereitete Tortenform füllen und im vorgeheizten Rohr bei 170 °C backen (Nadelprobe).

Die Torte auskühlen lassen, zweimal durchschneiden. Die unterste Teigplatte mit Kirschrum beträufeln und die Hälfte der abgetropften Kirschen darauf verteilen. Schlagobers mit Sahnesteif aufschlagen, die halbe Schlagobersmenge auf die Kirschen streichen, zweite Teigplatte darauflegen, wieder mit Kirschrum beträufeln und die restlichen Kirschen darauf verteilen und das Schlagobers darüber verstreichen. Mit der dritten Platte abdecken.

Zum Verzieren Schlagobers mit Sahnesteif aufschlagen, die Torte damit rundherum einstreichen, die Oberseite mit Schokospänen bestreuen und am Tortenrand mit Schlagobers Tupfen aufdressieren, mit je einer Amarenakirsche belegen.

Tipp: *Vor dem Einstreichen der Torte diese in der Mitte auseinanderschneiden und die runden Seiten der Torte zusammensetzen. Dadurch entsteht ein Schmetterling. Jetzt einstreichen mit Schlagobers und dekorieren wie oben.*

Apfel-Biskuit-Kuchen

Mürbteig:
200 g Mehl
130 g Butter
70 g Staubzucker
1 Pkg. Vanillezucker
Marmelade zum Bestreichen

Biskuitteig:
4 Eier
80 g Zucker
70 g Mehl
1 Prise Salz

Apfelmasse:
1,5 kg Äpfel
Saft von 2 Zitronen
Zimt
Rosinen nach Geschmack
Zucker nach Bedarf

Butterstreusel:
100 g Mehl
75 g Butter
75 g Kristallzucker
etwas Zimt

Mürbteig zubereiten, kurz rasten lassen, auf Backpapier blechgroß ausrollen und im vorgeheizten Backrohr bei 180 °C goldbraun backen.

Für den Biskuitteig die Eier trennen, Eiklar und ein Drittel des Zuckers zu Schnee aufschlagen, die Dotter mit restlichem Zucker sehr schaumig rühren, Eischnee und Mehl in die Dottermasse heben, auf ein mit Backpapier belegtes Backblech streichen und im vorgeheizten Rohr bei 200 °C backen. Den Biskuit auf ein mit Mehl bestreutes Backpapier stürzen und so auskühlen lassen.

Für die Apfelmasse die Äpfel schälen und in kleine, gleichmäßige Würferl schneiden. Mit Zitronensaft, Zimt, Zucker und Rosinen vermischen und nicht zu weich dünsten (die Apfelstückerl sollen erhalten bleiben), abtropfen und auskühlen lassen.

Die Zutaten für Butterstreusel zwischen den Handflächen verreiben, auf ein mit Backpapier belegtes Backblech locker aufstreuen, bei 170 °C goldbraun backen und noch warm mit einem Messer zerschneiden.

Fertigstellen des Kuchens: Den Mürbteigboden mit Ribiselmarmelade bestreichen, den Biskuitboden darauflegen, darauf die gedünsteten Äpfel verteilen und mit Streusel bestreuen, einige Zeit durchziehen lassen, aufschneiden und mit Staubzucker bestreut servieren.

Edith Weißnegger stellt sich vor

Ich wurde 1966 in Klagenfurt geboren. Da mir schon als Kind nahegelegt wurde, eines Tages den elterlichen Betrieb zu übernehmen, besuchte ich die landwirtschaftliche Fachschule, einige Jahre später absolvierte ich auch die Meisterausbildung in der ländlichen Hauswirtschaft und den Zertifikatslehrgang „Seminarbäuerin".
Heute bin ich mit Begeisterung Bäuerin und kann mir eine andere Tätigkeit eigentlich gar nicht vorstellen.
Gemeinsam mit meinem Mann und der tatkräftigen Unterstützung meines Vaters und unserer vier Töchter ist es in den letzten Jahren gelungen, unseren Hof weiter auszubauen und zu vergrößern. So konnten wir vom Nebenerwerbs- zum Vollerwerbsbetrieb werden. Unser Haupterwerbszweig ist die Schweinemast.
Auf unserem Betrieb halten wir Kärntner Markenschweine, die in Kärnten geboren, gemästet und geschlachtet werden. Uns ist es wichtig, in regionalen Kreisläufen zu arbeiten, um so einen kleinen Beitrag für die Umwelt zu leisten sowie die Wertschöpfung bei unseren heimischen Bauern zu belassen.
Zusätzliche Standbeine unseres Betriebes sind Ackerbau und Lämmerproduktion. Wir führen

für unsere Direktvermarktungsprodukte auch das Gütesiegel „Gutes vom Bauernhof“.
Als Seminarbäuerin und Kursleiterin bei Kochkursen war „Süße Verlockungen – das Backen, Füllen und Verzieren von Kuchen und Torten“ lange Zeit eines meiner Themen.

Ich hoffe, Ihnen mit meinen Rezepten viel Motivation und Freude beim Backen und Experimentieren mit neuen Rezepten mit auf den Weg zu geben!

Haustorte

8 Eier
300 g Feinkristallzucker
150 g Öl
210 g glattes Mehl
1 Pkg. Backpulver
30 g Kakao

Creme:
1 l Schlagobers
160 g Kochschokolade

5 ganze Eier und 3 Eidotter mit dem Zucker schaumig schlagen, das Öl langsam einfließen lassen. Das mit Backpulver und Kakao versiebte Mehl vorsichtig unterziehen. Die restlichen 3 Eiklar zu steifem Schnee schlagen und unterheben. Die Masse in eine Tortenform füllen und bei 160 °C Heißluft ca. 1 Stunde backen.

Für die Creme das Schlagobers aufkochen, von der Herdplatte nehmen und die Schokolade einrühren. Die Creme muss im Kühlschrank völlig abkühlen (am besten über Nacht) und kann dann wie Schlagobers steifgeschlagen werden.

Die Torte zweimal durchschneiden und mit der Creme füllen. Mit dem Rest der Creme die Torte einstreichen und verzieren.

Tipp: *Als Variation können gut abgetropfte Sauerkirschen mit einem Drittel der Creme vermengt und zwischen die ersten zwei Böden gefüllt werden.*

Kardinaltorte

180 g Butter
180 g Feinkristallzucker
7 Eidotter
150 g Mehl
1 TL Backpulver
evtl. etwas Milch

Baiser:
7 Eiklar
350 g Feinkristallzucker
150 g Mandelblättchen

Fülle:
2 Becher Schlagobers
2 Pkg. Qimiq
3 EL Löskaffee
150 g Feinkristallzucker

Für den Teig Butter mit Zucker schaumig rühren, Dotter nach und nach zugeben. Das mit Backpulver versiebte Mehl unterrühren, evtl. etwas Milch zugeben.

Für die Baisermasse Eiklar mit Zucker zu festem Schnee schlagen.

In zwei mit Backpapier ausgelegte Tortenformen je die Hälfte des Teiges verteilen, die Baisermasse darüberstreichen und mit Mandelblättchen bestreuen. Bei 170 °C Heißluft ca. 35 Minuten backen.

Für die Fülle Schlagobers mit Löskaffee und Zucker steifschlagen. Das Qimiq gut durchmixen (unbedingt vor Zugabe zum Schlagobers!), anschließend die Obersmasse untermengen.

Einen Tortenboden mit einem Tortenreifen umstellen, die Fülle über der Baiserschicht verteilen und den zweiten Tortenboden ebenfalls mit der Baiserschicht nach oben daraufsetzen. Vor dem Servieren kühl stellen.

Bananentorte

4 Eier
3 EL Wasser
120 g Feinkristallzucker
180 g Mehl

Zum Belegen:
3 feste Bananen
50 g Kuvertüre

Fülle:
2 Bananen
3/8 l Schlagobers
2 EL Staubzucker
2 Blatt Gelatine
2 EL Schokoflocken oder gehackte Schokolade

Zum Verzieren:
3/8 l Schlagobers
Bananenstücke
Schokoflocken

Eier, Zucker und Wasser sehr schaumig schlagen, Mehl vorsichtig unterheben und in einer befetteten, bemehlten Tortenform bei 170 °C Heißluft 30–35 Minuten backen. Auskühlen lassen und einmal durchschneiden.

Kuvertüre im Wasserbad schmelzen. Bananen mit Kuvertüre überziehen, trocknen lassen und auf den unteren Tortenboden legen. Einige Bananenstücke zum Verzieren ebenfalls glasieren.

Für die Fülle Bananen zerdrücken. Obers steifschlagen, Zucker, Bananenmus und Schokoflocken unterrühren. Die eingeweichte Gelatine ausdrücken, bei schwacher Hitze auflösen und vorsichtig unter die Masse rühren.

Die Fülle auf dem mit den Bananen belegten Tortenboden verteilen und mit dem zweiten Tortenteil bedecken.

Die Torte für mindestens 2 Stunden kalt stellen. Danach mit geschlagenem Obers, Schokoflocken und den Bananenstücken verzieren.

Sacherschnitten mit Schokoladecreme

6 Eier, getrennt
140 g Staubzucker
140 g Butter
140 g erweichte Schokolade
120 g Mehl
1/2 Pkg. Backpulver

Creme:
80 g Staubzucker
100 g Butter
3 Rippen Schokolade

Ribiselmarmelade
3/8 l Schlagobers
Schokoladeflocken

Butter, Zucker und Dotter abtreiben, Schokolade dazugeben, Mehl mit Backpulver unterheben. Zuletzt den Schnee vorsichtig unterrühren. Auf befettetem Blech bei 160 °C Heißluft ca. 35 Minuten backen. Auskühlen lassen.

Für die Creme die sehr weiche Butter und den Zucker mit der erweichten Schokolade schaumig rühren.

Den Kuchen zuerst dünn mit Ribiselmarmelade, dann mit Schokoladecreme bestreichen. Das steifgeschlagene Obers darüberstreichen und mit Schokoladeflocken bestreuen.

Amaretto-Kugeln

7 Eier, getrennt
280 g Feinkristallzucker
280 g Mehl

Creme:
1 Becher Crème fraîche
250 g Magertopfen
1/2 l Schlagobers
100 g Feinkristallzucker
1/8 l Amaretto

Kokosette zum Wälzen

Eiklar zu steifem Schnee schlagen, Zucker dazugeben und die Eidotter einrühren. Das Mehl unterheben und auf einem mit Backpapier ausgelegten Backblech bei 170 °C Heißluft ca. 20–25 Minuten backen.

Crème fraîche, Topfen, das geschlagene Obers, Zucker und Amaretto gut verrühren. Den abgekühlten Biskuit zerbröseln und untermengen.

Kugeln mit ca. 5 cm Durchmesser formen, in Kokosette wälzen und in passende Papiermanschetten setzen.

Joghurttorte

4 Eier
3 EL Wasser
120 g Feinkristallzucker
180 g Mehl

Joghurtcreme:
2 Becher Joghurt
100 g Staubzucker
6 Blatt Gelatine
1/4 l Schlagobers
1 Pkg. Vanillezucker
Saft von 1/2 Zitronensaft
etwas Rum

Obst (z.B. Erdbeeren, Pfirsiche, Himbeeren etc.)

Eier, Zucker und Wasser sehr schaumig schlagen, Mehl vorsichtig unterheben und in einer befetteten, bemehlten Tortenform bei 170 °C Heißluft ca. 35 Minuten backen.

Für die Joghurtcreme Schlagobers steifschlagen, mit Zucker, Vanillezucker, Joghurt und Zitronensaft verrühren. Gelatine in kaltem Wasser einweichen, leicht ausdrücken und im erwärmten Rum auflösen. Zur Joghurtcreme geben und gut durchmixen.

Tortenboden mit einem Tortenring umstellen, die Creme einfüllen, das Obst darauf verteilen und in der Creme versenken. Im Kühlschrank mehrere Stunden steifwerden lassen. Mit Früchten und eventuell Schlagobers verzieren.

Variante: *Die Torte in der Mitte durchschneiden, mit Tortenring umstellen, Joghurtcreme einfüllen. Tortendeckel aufsetzen, mit Früchten belegen und mit Tortengelee überziehen. Außen mit Schlagobers einstreichen.*

Linzer Schnitten mit Dinkelmehl

210 g Butter
210 g Staubzucker
3 Eier, getrennt
210 g geriebene Nüsse
2 EL Milch
230 g Dinkelmehl
1 TL Backpulver
2 Msp. Zimt
1 Msp. Nelkenpulver

Marmelade zum Bestreichen

Butter, Zucker und Dotter schaumig rühren. Nüsse, Milch und Gewürze dazugeben, danach das Mehl unterziehen. Den steifgeschlagenen Schnee unterheben. 3/4 der sehr festen Masse auf einem mit Backpapier ausgelegten Blech verteilen und mit Marmelade bestreichen.

Den Rest des Teiges in einen Spritzsack füllen und gitterförmig dressieren.

Bei 170 °C Heißluft 35–40 Minuten backen.

Tipps: *Besonders gut schmecken Ribisel-, Himbeer- oder Kirschmarmelade.*
Statt Dinkelmehl kann auch normales Mehl verwendet werden, es sollte dann jedoch ca. 1/2 TL Kakao beigemengt werden wegen der Farbe.

Eierlikörtorte

6 Eier, getrennt
180 g Feinkristallzucker
180 g Mehl

Kaffeecreme:
1/4 l Schlagobers
1/2 Pkg. Qimiq
3 EL Staubzucker
1–2 EL Löskaffee

Eierlikörcreme:
1/4 l Schlagobers
1 Pkg. Qimiq Vanille
3 EL Staubzucker
1/8 l Eierlikör

1/4 l Schlagobers
Mokkabohnen,
Schokoflocken, Eierlikör

Eiklar zu festem Schnee schlagen, Dotter, Feinkristallzucker und Mehl leicht einheben und in einer befetteten, bemehlten Tortenform bei 170 °C Heißluft 35–40 Minuten backen (Nadelprobe), erkalten lassen.

Biskuit zweimal durchschneiden. Den ersten Boden mit einem Tortenreifen umstellen.

Für die Kaffeecreme Schlagobers mit Zucker steifschlagen, Löskaffee gut unterrühren. Das Qimiq in einem eigenen Gefäß glattrühren, unter das Schlagobers mengen. Creme auf dem unteren Boden verteilen und mit dem 2. Boden bedecken.

Für die Eierlikörcreme das Schlagobers mit dem Zucker steifschlagen und den Eierlikör beimengen. Wiederum das Qimiq extra glattrühren und dem Schlagobers beigeben. Masse auf dem Tortenboden verteilen und mit dem dritten Boden abdecken.

Torte für ein paar Stunden kühl stellen. Mit Schlagobers, Schokoflocken, Mokkabohnen und Eierlikör verzieren.

Kaffeeschnitten

6 Eier, getrennt
1 Pkg. Vanillezucker
200 g Feinkristallzucker
200 g Mehl
1 Pkg. Backpulver
80 g Brösel
100 g geriebene Mandeln
1/4 l starker Kaffee

1/2 l Schlagobers
1 Pkg. Sahnesteif
1 Pkg. Vanillezucker
2 EL Staubzucker

250 g Staubzucker
3–4 EL schwarzer Kaffee

Dotter mit Zucker und Vanillezucker schaumig schlagen. Das mit Backpulver versiebte Mehl, Brösel und Mandeln abwechselnd mit dem Kaffee einrühren. Eiklar zu Schnee schlagen und unter die Masse heben. Teig auf ein befettetes, bemehltes Backblech geben und bei 170 °C Heißluft ca. 40 Minuten backen, auskühlen lassen.

Den Boden durchschneiden und mit gesüßtem Schlagobers füllen.

Für die Glasur den gesiebten Staubzucker mit so viel Kaffee glattrühren, dass eine dickflüssige Masse entsteht. Den Kuchen mit der Kaffeeglasur überziehen und eventuell mit Schlagobers und Kaffeebohnen verzieren.

Topfen-Marillen-Kuchen mit Streusel

250 g Butter
200 g Staubzucker
1 Pkg. Vanillezucker
1 Prise Salz
1 Ei
500 g Mehl
1 Pkg. Backpulver

Belag:
1 kg Topfen
1 Pkg. Vanille-puddingpulver
1 Ei
200 g Staubzucker

1 kg Kompottmarillen, gut abgetropft

Aus allen Zutaten einen Mürbteig bereiten und kühl rasten lassen.

3/4 des Teiges ausrollen und auf ein mit Backpapier ausgelegtes Blech drücken, dabei die Ränder hochziehen.

Für den Belag alle Zutaten verrühren, auf dem Mürbteig verteilen. Die in Spalten geschnittenen Marillen darüberlegen. Den restlichen Teig mit den Händen krümelig reiben und darüberstreuen.

Bei 170 °C Heißluft ca. 45–50 Minuten backen. Gut auskühlen lassen und in Schnitten schneiden.

Apfelmusschnitten

5 Eier
200 g Feinkristallzucker
1 Pkg. Vanillezucker
200 g Mehl
1 TL Backpulver

1. Creme:
1/2 kg Mascarpone
100 g Staubzucker
3 Eidotter
4 Blatt Gelatine

2. Creme:
1/2 l Apfelmus
4 Blatt Gelatine

Zur Fertigstellung:
1 1/2 Pkg. Biskotten
1/2 l Schlagobers
1 EL Staubzucker
1 Pkg. Sahnesteif
Schokoladespäne

Eier, Zucker, Vanillezucker schaumig rühren, Mehl und Backpulver vorsichtig unterheben, bei 170 °C Heißluft 30 Minuten backen.

Für die 1. Creme Mascarpone, Staubzucker, Dotter schaumig rühren, Gelatine im Wasserbad auflösen und dazugeben.

Für die 2. Creme Gelatine im Wasserbad auflösen und mit dem Apfelmus verrühren.

Auf die erkaltete Teigplatte die 1. Creme streichen, darauf die 2. Creme geben, dicht mit Biskotten belegen.

Schlagobers mit Staubzucker und Sahnesteif schlagen und auf die Biskotten streichen, mit Schokoladespänen bestreuen.

Eierlikörschnitten

200 g Feinkristallzucker
6 Eier, getrennt
1/8 l Wasser
1/8 l Öl
100 g Walnüsse
160 g Mehl
1/2 TL Backpulver
2 TL Kakao

Preiselbeermarmelade
1/2 l Schlagobers
50 g Staubzucker
ca. 1/4 l dickflüssiger Eierlikör

Zucker, Dotter, Wasser schaumig rühren, das Öl einfließen lassen. Die übrigen Zutaten in den Abtrieb rühren, den steifgeschlagenen Schnee unterheben und auf einem befetteten Blech bei 160 °C Heißluft ca. 30 Minuten backen.

Den erkalteten Kuchen mit Preiselbeermarmelade bestreichen, Schlagobers mit Staubzucker steifschlagen, über den Kuchen streichen, mit Eierlikör glasieren.

Obstkuchen mit Eierlikör

250 g Butter
250 g Staubzucker
1 Pkg. Vanillezucker
4 Eier
1/8 l Eierlikör
250 g Mehl
1/2 Pkg. Backpulver

Obst zum Belegen (z.B. Marillen oder Rhabarber)

Butter, Staubzucker, Vanillezucker und Dotter flaumig rühren, den Likör einfließen lassen. Erst das mit Backpulver vermischte Mehl, dann den Schnee unterheben. Auf ein befettetes, bemehltes Blech streichen, Früchte daraufgeben und bei 170 °C Heißluft ca. 45 Minuten backen.

Tipp: *Vor dem Belegen mit Obst den Kuchen mit Schokoflocken bestreuen.*

Jakobskuchen

180 g Butter
220 g Staubzucker
4 Eier, getrennt
200 g geriebene Mandeln
300 g Mehl
1/8 l Milch
1 Schuss Rum
1 Msp. Zimt
1 TL Backpulver

Belag:
100 g Feinkristallzucker
1/8 l Schlagobers
100 g Honig
50 g Butter
150 g Mandelblättchen

100 g Kuvertüre

In den Abtrieb von Butter, Zucker und Dottern den steifgeschlagenen Schnee und das mit Mandeln vermischte Mehl unterheben. Die Masse auf einem mit Backpapier ausgelegten Backblech verteilen. Den Boden bei 170 °C Heißluft 25 Minuten backen.

In der Zwischenzeit für den Belag Zucker, Schlagobers, Honig und Butter zum Kochen bringen. So lange kochen, bis die Masse hellgelb ist. Mandelblätter unterrühren und die Masse im Wasserbad erkalten lassen.

Die Mandelmasse auf dem vorgebackenen Boden verteilen und bei 170 °C Heißluft weitere 10 Minuten backen.

Die Kuvertüre über Dampf erweichen und in einen Tiefkühlbeutel füllen. An einer Ecke ein kleines Stück abschneiden und den ausgekühlten Kuchen mit einem Schokoladegitter verzieren.

Rotweinkuchen

140 g Butter
250 g Staubzucker
4 Eier, getrennt
1 TL Zimt
1 Pkg. Vanillezucker
1 Pkg. Backpulver
250 g Mehl
1 EL Kakao
1/8 l Rotwein
100 g Schokostreusel

Butter, Zucker, Vanillezucker und Dotter schaumig rühren, Zimt und Schokostreusel dazugeben. Das mit Backpulver und Kakao versiebte Mehl unterheben und den Rotwein hinzufügen. Den Eischnee unterziehen.

In einer befetteten, bemehlten Kasten- oder Ringform bei 160 °C Heißluft ca. 50 Minuten backen.

Apfelbrot

1,5 kg Äpfel, grob gerieben
300 g Nüsse, grob gehackt
300 g Feigen, würfelig geschnitten
300 g Rosinen
500 g Feinkristallzucker
1/8 l Rum
1 Pkg. Lebkuchengewürz
500 g Roggenmehl
500 g Weizenmehl
2 Pkg. Backpulver
2 EL Kakao

Äpfel, Nüsse, Trockenfrüchte, Zucker, Rum und Lebkuchengewürz vermengen und über Nacht durchziehen lassen.

Mehl, Kakao und Backpulver unterziehen, zu Striezeln formen und mit Nüssen und kandierten Kirschen verzieren.

Bei 150 °C Heißluft ca. 1 1/4 Stunden backen.

Kärntner Reindling

Germteig:
500 g Weizenmehl
1 Pkg. Trockengerm
80 g Feinkristallzucker
1 TL Salz
ca. 1/4 l Milch
1 Ei
1 Schuss Rum
60 g Butter

Klassische Fülle:
Feinkristallzucker
Zimt
Rosinen
evtl. gehackte Walnüsse

Alle trockenen Zutaten in einer großen Schüssel vermischen. Butter erwärmen, Milch und Rum dazugeben, Eier einrühren. Achtung, nicht zu heiß werden lassen. Die lauwarme Masse mit dem Mehlgemisch vermengen und mit der Küchenmaschine oder mit der Hand zu einem glatten, mittelfesten Teig kneten.

Den Teig bemehlen, mit einem Tuch abdecken und an einem warmen Ort etwa 1/2 Stunde gehen lassen.

Den Teig nochmals durchkneten, zu einem Rechteck ausrollen und mit der Fülle beliebig dick bestreuen. Einrollen und in eine gut befettete Reindling- oder Gugelhupfform legen. Nochmals gehen lassen.

Im Anschluss bei 190 °C Ober- und Unterhitze oder bei 170 °C Heißluft rund 50–60 Minuten backen.

Tipp: *Der Germteig kann anstelle der klassischen Füllung auch mit Nuss- oder Mohnfülle bestrichen werden. Dafür 1/8 l Milch mit 80 g Zucker und 1 EL Honig aufkochen. 150 g gemahlenen Mohn oder 200 g geriebene Nüsse und 20 g Rosinen dazugeben und unter ständigem Rühren bei geringer Hitze einige Minuten quellen lassen, mit 1 Pkg. Vanillezucker und 1 Schuss Rum aromatisieren und auskühlen lassen.*

Erdäpfel-Schokoladekuchen

4 Eier
120 g Butter
100 g Staubzucker
1 Pkg. Vanillezucker
1 Prise Salz
1 Msp. Ingwer
1/2 TL Zimt
80 g geriebene Haselnüsse
200 g geriebene rohe Erdäpfel
50 g geriebene Schokolade
150 g Mehl
1 TL Backpulver

Weiche Butter, Zucker, Vanillezucker und eine Prise Salz flaumig rühren. Die Gewürze dazugeben, Eier nach und nach unterrühren, dann Schokolade, Nüsse und die ausgedrückten Erdäpfel untermischen. Zuletzt das gesiebte, mit Backpulver vermischte Mehl unterheben.

In eine befettete Kastenform geben und bei 160 °C Heißluft ca. 50 Minuten backen.

Mit Schokoladeglasur überziehen.

Hadnroulade

Variante 1:
6 Eier
140 g Feinkristallzucker
70 g Hadnmehl (Buchweizenmehl)
50 g geriebene Schokolade

Variante 2:
6 Eier
6 EL Hadnmehl
6 EL Feinkristallzucker

Fülle:
1/4 l Schlagobers
Preiselbeermarmelade

Die ganzen Eier mit Zucker sehr schaumig schlagen, Mehl (bei Variante 1 auch Schokolade) vorsichtig unterheben. Die Masse auf ein mit Backpapier ausgelegtes Blech streichen und bei 180 °C Heißluft ca. 20 Minuten backen. Noch heiß auf ein mit Mehl oder Zucker bestreutes Geschirrtuch stürzen, das Backpapier vorsichtig lösen und einrollen.

Schlagobers steifschlagen, die Roulade nach dem Auskühlen dick mit Preiselbeeren bestreichen, anschließend das Schlagobers darauf verteilen und einrollen. Mit Staubzucker bestreuen.

Mascarpone-Charlotte

4 Eier, getrennt
120 g Feinkristallzucker
1 Pkg. Vanillezucker
120 g Mehl
3 EL Wasser
Marillenmarmelade

Creme:
500 g Mascarpone
1 Becher Joghurt
100 g Staubzucker
3 EL Eierlikör
8 Blatt Gelatine
2 Dosen Pfirsichhälften

1/8 l Schlagobers
zum Verzieren

Für den Biskuit die Eiklar mit dem Zucker zu steifem Schnee schlagen, Dotter nach und nach zugeben und das Mehl unterheben. Den Teig auf ein Backblech streichen und bei 175 °C Heißluft ca. 15 Minuten backen. Sofort mit Marmelade bestreichen und einrollen. Auskühlen lassen.

Die Rolle in 18 gleiche Scheiben schneiden und eine mit Frischhaltefolie ausgelegte Form (Schüssel) damit auslegen. 3–4 Scheiben zum Abdecken übrig lassen.

Pfirsiche abseihen und in Würfel schneiden, einige Früchte zum Verzieren beiseite geben. Mascarpone und Joghurt glattrühren. Eierlikör, 1/4 l Pfirsichsaft und Zucker zufügen. Eingeweichte Gelatine ausdrücken, im Wasserbad auflösen und unterrühren. Zum Schluss die Pfirsichwürfel unterheben.

Creme in die vorbereitete Form gießen und glattstreichen. Mit den restlichen Rouladenstücken abdecken und mindestens 2 Stunden kalt stellen. Stürzen und mit Schlagobers und Pfirsichspalten verzieren.

Tipp: *Für die Charlotte eignen sich auch Erdbeermarmelade und frische Erdbeeren sehr gut.*

Pikante Rezepte

Kleingebäck

Gut im Voraus zu backen

Wenn's schnell gehen soll

Alphabetisches Register